Ines Schwerdtner

Editorial

Gegen die Preiskrise

»Wir sind nur die Randfiguren in einem schlechten Spiel«, singt Klaus Lage in dem Schlager »Monopoly«. Das schlechte Spiel ist der Kapitalismus, das ist so billig wie wahr. Aber was ändert diese Einsicht, wenn man dennoch von einer Krise in die nächste stolpert und sich kaum etwas ändert? Man sollte nicht allzu leichtfertig mit Aussagen über die Tiefe der Krise umgehen, doch tatsächlich erleben wir eine weltweite Inflation und eine der größten wirtschaftlichen Krisen seit der Nachkriegszeit. Zugleich waren die großen Organisationen der arbeitenden Klasse noch nie so schwach wie heute.

Währenddessen versucht die Regierung mit staatlichen Eingriffen das Allerschlimmste abzuwenden. Das politische Zentrum verwaltet die Krise aber zu zögerlich oder blockiert die notwendigen ökonomischen Schritte sogar. Damit öffnet die Regierung den Raum für die Rückkehr der Rechten. Der Linken wiederum gelingt es nicht, das politische Zentrum anzugreifen und eine Alternative zum rechten Protest anzubieten. Die soziale Krise wird von den Konfliktthemen Klima und Krieg überlagert. Vor dieser Zerreißprobe steht die gesamte gesellschaftliche Linke, die Partei DIE LINKE droht sich darüber zu spalten. Die Frage ist wohl nicht mehr ob, sondern nur noch wann.

Aber auch die anderen Masseninstitutionen, allen voran die Gewerkschaften, suchen ihre Rolle in einer Zeit, in der sie den arbeitenden Menschen nicht einmal mehr den Inflationsausgleich erkämpfen können. Den links-progressiven Teil der Zivilgesellschaft für politische Forderungen zu mobilisieren, reicht schon lange nicht mehr. Über Jahre wurde versäumt, genau diejenigen von linker Politik zu überzeugen, die nun am stärksten unter der Krise leiden.

Die Umstände schreien nach sozialistischen Lösungen und trotzdem müssen wir mit dem arbeiten, was da ist. Während wir als Redaktion mit den steigenden Produktionskosten zu kämpfen haben, schien es uns das Sinnvollste und politisch Notwendige zu sein, über unsere eigentliche Arbeit hinaus selbst eine Kampagne gegen die Preiskrise anzustoßen: Genug ist Genug ist unser Vorschlag, wie sich die Linke wieder um materielle Interessen herum versammeln kann.

The Internet Speaks

Weil Kommunikation das Herz einer guten Beziehung ist

Ein Magazin wie ein Winterreifen für das Lastenrad in Dir

@HolgerHank
Das Lifestyle-Magazin mit dem Wagenknecht-Sound.

mission statement

@TupacOrellana
Auch schön zu sehen, dass weite Teile der Linken, die sich sonst gefühlt nur noch an die Gurgel gehen, einhellig das @jacobinmag_de empfehlen.

Liebe auf den ersten Blick

@MuellerTadzio
@lgbeutin @ines-schwerdtner ich bin gerne bereit, zu diskutieren – muss es aber nicht unbedingt mit dem boulevard der neuen klassenpolitik tun, die ich, wie du weißt, für eine monumentale zeitverschwendung & ein eitelkeitsprojekt des gescheiterten dt. unimarxismus halte.

Bitte nicht

@UMCKALABRA
Jacobin einfach so ein Champagner-sozialismusblatt, würde lieber die Zeit lesen

Erst an den Kiosk, dann an die Börse

@3Jul1en
wo kann ich shorts für diesen bumsladen kaufen? @brumaireverlag

Ab 20 Euro/Jahr im Abo

@BAESIANER
wie ist das so als jacobin leser ist es auf dauer nicht langweilig immer recht zu haben?
@CYBERKRILLIN
Ich muss ehrlich sagen manchmal ja aber das ist der preis den man zahlt

Kein Artikel, kein Gender, kein Problem

@LOOP376362
Sind Texte ohne Gendern?

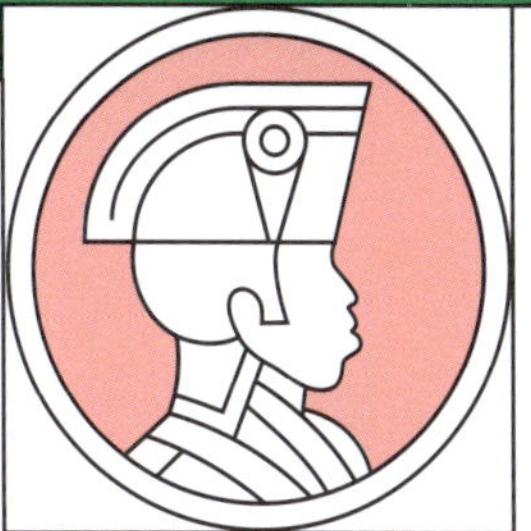

Citoyens

JACOBIN **liefert sozialistische Perspektiven auf Politik, Wirtschaft & Kultur. 2010 in New York geboren, erscheint JACOBIN auf Englisch, Italienisch, Portugiesisch, Spanisch und seit Mai 2020 auch auf Deutsch.**

☛ *Jetzt abonnieren unter jacobin.de/abo*

Publisher	Ole Rauch
Editors-in-Chief	Ines Schwerdtner, Loren Balhorn
Managing Editor	Astrid Zimmermann
Copy Editor	Thomas Zimmermann
Editors	Alexander Brentler, Linus Westheuser
Columnists	Franziska Heinisch, Lukas Scholle
Contributing Editors	Matthias Ubl, Pujan Karambeigi, Ilker Eğilmez, Fabian Vugrin
A/V Editor	Nils Schniederjann
Story Editor	Jonas Junack
Office	Adelaide Ivánova

Creative Director	Andreas Faust
Managing Designer	Andy King
Art Directors	Julius Klaus, Marie Schwab, Markus Stumpf, Zane Zlemeša
Cover Illustration	Piotr Dudek
Illustrators	Marie Schwab, Julius Klaus, Andy King, Markus Stumpf, Zane Zlemeša

CONTRIBUTORS

Dietmar Dath, Adam Tooze, Astrid Zimmermann, Hans-Jürgen Urban, Ines Schwerdtner, Pujan Karambeigi, Lukas Scholle, René Rojas, Linus Westheuser, Linda Beck, Ralf Hoffrogge, Marvin Hopp, Isabelle Ferreras, Thomas Zimmermann, Gavan McCormack, Mitras Ammerbuch, Luna Wolters, Hans Graudenz, Fabian Vugrin, Andy King, Marie Schwab, Nils Schniederjann, John-Baptiste Oduor

☛ jacobin.de

70

Das Parlament der Firma

Isabelle Ferreras entwickelt ein neues Modell von Wirtschaftsdemokratie.

98

Kulturkämpfe kann man nicht gewinnen

Astrid Zimmermann erklärt, wie man Fortschritt dauerhaft vor Reaktionären sichert.

#11

Genug ist Genug

AM PRANGER

lass Dich ownen

Du dachtest, Deine Miete ist zu teuer? Die neue Idee eines Startups: Versuch mal, sie noch teurer zu leasen!

Text von **Nils Schniederjann**
Illustration von **Marie Schwab**

»Jetzt kannst du Eigentum« liest man in Hamburg und Berlin seit einigen Wochen auf Plakaten. Geworben wird für Immobilienkauf als Lösung für die Wohnungsnot. Hat sich Franziska Giffey von Margaret Thatcher inspirieren lassen und startet eine Berliner Version von deren berüchtigter »Right to Buy«-Politik? Nein. Wie so oft steckt hinter den knalligen Plakaten mit großen Versprechungen ein kleines Start-up – der einfallsreiche Name: Ownr. Auf einem Plakat sagt es sogar Investoren den Kampf an, mit den Worten: »now koofen euch the real Berliners the apartments weg«.

Gründer des Hamburger Unternehmens ist Nils T. Kohle. Durch seine jahrelange Tätigkeit in der Immobilienbranche gelangte er zu der Erkenntnis: Die Menschen können sich keine Immobilien mehr leisten! Was natürlich stimmt, denn während die Immobilienpreise in unvorstellbare Höhen gestiegen sind, stagnierten die Löhne. Nicht nur kann sich fast niemand unter vierzig noch Eigentum leisten – die meisten können sich überhaupt nicht vorstellen, jemals Haus oder Wohnung selbst zu besitzen.

> Wie genau erwirtschaftet Ownr seine Gewinne?

Das Start-up hat eine innovative Lösung gefunden: Leasing. Das bedeutet, dass Ownr ein Haus kauft und es für einen gewissen Zeitraum an die Kundin vermietet. Nach Ablauf der Zeit bekommt diese dann die Möglichkeit, das Haus zu einem vorher festgelegten Betrag zu kaufen. Heißt also: Während man versucht, irgendwie genug Eigenkapital zusammenzukratzen, um einen bezahlbaren Kredit zu bekommen, darf man schon zur (leicht erhöhten) Miete in der Immobilie wohnen. Das Prinzip ist so alt wie der Neoliberalismus selbst. Seit es in den 1990ern üblich wurde, Autos zu leasen, um den tatsächlichen Kauf zeitlich hinauszuzögern, sind Fahrräder, Computer und Handys dazu gekommen – und jetzt eben auch Wohnungen.

Gegenüber den neoliberalen Reformen, mit denen Thatcher in den 1980er Jahren die arbeitende Mitte der Bevölkerung Großbritanniens zu Eigentümerinnen und Eigentümern machte, ist das natürlich eine Farce. Um ihre »property-owning democracy« durchzusetzen, ließ sie nicht nur Gesetze beschließen, die Mieterinnen und Mietern von Sozialwohnungen ermöglichten, ihr Haus deutlich unter Marktwert vom Staat zu kaufen. Noch entscheidender war die Deregulierung der Finanzbranche, durch die viel mehr Menschen Zugang zu Hypotheken bekamen. Am Ende machten die Konservativen den Wohlstand der Mittelschicht abhängig von der Entwicklung der Finanzmärkte: Das Privatvermögen in Form des Eigenheims löste die Löhne als Wohlstandsindikator ab.

In Deutschland wurde mit leichter Verzögerung ebenfalls sozialer Wohnraum verkauft, meist aber nicht an deren Bewohnerinnen und Bewohner, sondern an Konzerne. Die Entwicklung der Immobilienpreise hat sich seitdem völlig von realwirtschaftlichen Faktoren gelöst. Als Retter tritt nun ein Unternehmen auf, das mit enormem Investorenkapital versucht, in dieser prekären Situation noch mehr Geld aus den Portemonnaies der Menschen zu pressen.

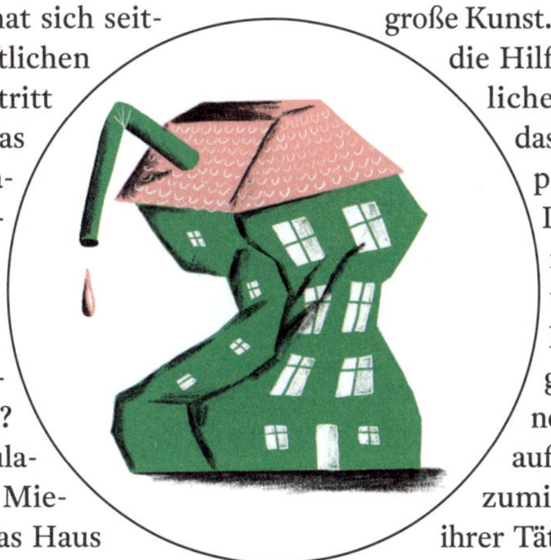

Aber wie genau erwirtschaftet Ownr seine Gewinne? Unter anderem durch Spekulation, in dem Fall, dass eine Mieterin nach der Leasingzeit das Haus nicht kauft, sondern auszieht. Die Immobilie wird dann mit entsprechender Preissteigerung weiterverkauft. Der Gründer beteuert in Interviews, dass dieser Spekulationsgewinn aber kein entscheidender Teil des Finanzplans sei.

Das wundert kaum – schließlich wird er auch beim normalen Leasing eingerechnet. Wenn zu Beginn ein späterer Kaufpreis festgelegt wird, orientiert sich das Unternehmen nämlich nicht am aktuellen Preis des Hauses, sondern addiert eine angenommene Wertsteigerung in den nächsten 18 Monaten. Normalerweise müsste ein Spekulant 18 Monate warten, um zu erfahren, ob die vermutete Wertsteigerung tatsächlich eingetreten ist. Ownr nimmt diese Wertsteigerung einfach vorweg. Selbst wenn die reale Preissteigerung der Immobilie dann geringer ausfällt, als erwartet, dürften viele Leasing-Kundinnen die Immobilie zum vorher festgelegten Preis übernehmen – schließlich leben sie schon seit anderthalb Jahren in ihr.

Bei dem Leasingmodell geht es also nicht um mehr Flexibilität für die Käuferinnen und Käufer. Vielmehr reduziert das Unternehmen damit bloß die Risiken der Immobilienspekulation und sichert sich nebenbei konstante Mieteinnahmen zwischen Kauf und Verkauf der Spekulationsobjekte. Wegen diesem kleinen Wettbewerbsvorteil gegenüber anderen Spekulanten vertrauen Investoren Ownr ihr Kapital an.

In Immobilien zu investieren, ist keine große Kunst. Das schaffen viele auch ohne die Hilfe eines Start-ups samt peinlicher Werbekampagne. Doch das 18-monatige Leasing ist ein praktisches Lockmittel für Investoren. Denn die Konkurrenz zwischen Spekulanten und die Schwierigkeit, beim Handel mit lebensnotwendigem Wohnraum wirklich innovativ zu sein, zwingt Akteure auf diesem umkämpften Markt, zumindest in der Verpackung ihrer Tätigkeit kreativ zu werden. So wird aus dem etwas verstaubten Beruf des Maklers mit einigem Risikokapital plötzlich ein glänzendes Millionengeschäft.

Nils Schniederjann ist A/V Editor bei JACOBIN.

Hotspot Gera

Wie ein beschauliches Städtchen in Thüringen zum Zentrum der rechten Proteste in Deutschland werden konnte.

Text und Fotos von **Ines Schwerdtner**

Es ist die 953. Montagsdemo. Peter Lückmann lädt den Lautsprecher zurück ins Auto. Auch das rote Stoffbanner wird eingerollt und im Kombi verladen. Peter veranstaltet die Demo mit anderen seit dem Beginn der Hartz-Reformen. Sie begannen damals im August, das war vor achtzehn Jahren. Mittlerweile haben sie dafür den Verein Initiative für Soziale Gerechtigkeit gegründet.

An diesem Tag kamen erst zehn, dann doch vierzehn Menschen auf den kleinen Platz vor dem Geraer Kongresszentrum. Sie verteilen Flyer für die kommende Woche, zwischen den Wortbeiträgen läuft traurige oder satirische Musik. Die meisten Passanten eilen über die Straße in Richtung Geraer Arcaden. Es wird dunkel und alle wollen nach Hause.

Diese Kundgebung, das betont Peter Lückmann direkt zu Beginn, ist das »Original«. Doch das Original wurde erfolgreich kopiert. Oder besser gesagt: überholt. Nur wenige Stunden nach den Linken laufen jeden Montag Tausende bei dem Protest der Rechten mit, der sich weniger auf die Hartz-Montagsdemos als vielmehr auf die Wendezeit zurückbesinnt. Gera, die beschauliche Stadt in Ostthüringen, wurde praktisch unbemerkt von der bundesdeutschen Öffentlichkeit zur Hochburg dieser rechten Aufmärsche. »Erfurt, das ist heute die abgehobene politische Klasse. Gera, das ist heute politischer Klartext, das ist ehrliche

Vaterlandsliebe«, verkündete Björn Höcke vom völkischen Flügel der AfD vor 10.000 Demonstrierenden am 3. Oktober 2022. »Gera ist der Beginn von etwas ganz Neuem«, sagte er dort.

Seit ein paar Wochen habe sich etwas verändert, meint Lückmann. Unter den rechten Demonstrierenden sei die Stimmung gekippt. Jeder, der jetzt noch bis zum Schluss mitläuft, wisse, worauf er sich einlässt. Sein Genosse Thomas Elstner, Gewerkschafter bei Verdi und Mitorganisator der linken Montagsdemo, widerspricht ihm. Das sei kein Kipppunkt gewesen, sagt er, sondern die logische Folge der Entwicklungen der letzten Jahre. Die AfD habe die Proteststimmung besser zu nutzen gewusst und sich gleichzeitig in den Machtzentren festgesetzt. »Das gesellschaftliche Klima ist fast entschieden«, meint Peter Lückmann. Ordnungsamt, Polizei, Apparate – überall ist die AfD längst drin. Mit seinem Vokuhila, seinem Schnauzer und seiner silbernen Kette, an der ein Anhänger in Form eines Hanfblatts baumelt, könnte er als Rocker durchgehen. Aber seine Augen sind traurig und müde. »Die Leute werden nackich gemacht, die werden gedemütigt«, meint er. »Die sagen sich: ›Ich halt's daheem ne' mehr aus‹, die Wut muss raus.«

Als sie 2004 anfingen, waren sie auf einen Schlag Hundert Leute, beim zweiten Mal ein paar hundert, beim dritten Mal 6.500 Menschen. Dann, am 19. Dezember 2004 um 23:17 Uhr, berichtet Peter protokollarisch, wird in Berlin das »Verelendungsgesetz« verabschiedet. Im folgenden Januar gingen nur noch 800 Demonstrierende in Gera auf die Straße. Die Hoffnung, man könne Hartz IV in die Knie zwingen wie das Regime der DDR, war mit einem Mal verflogen.

Nur wenige Stunden nach den vierzehn Linken laufen Tausende bei dem Protest der Rechten mit.

Peter Lückmann

Unterm Brennglas

Wir sind im Büro von Andreas Schubert, der für die Linkspartei sowohl im Stadtrat als auch im thüringischen Landtag sitzt. Max Streckhardt – einer der Gründer der »Roten Jugend« in Gera, dem pragmatischen Ersatz für die sonst eher parteikritische Linksjugend – und Dieter Hausold – der frühere Fraktionsvorsitzende der Partei in Thüringen, der mittlerweile in Rente ist – sitzen mit am Tisch. Alle haben viel zu erzählen, schaffen es kaum, den jeweils anderen ganz ausreden zu lassen.

Vor dem Büro der LINKEN sitzen manchmal Rechte beim Bäcker an der Ecke und filmen, wer ein- und ausgeht. »Es ist nicht einfach nur unangenehm, es ist gefährlich«, sagt Peter. Keiner von ihnen geht montagabends auch nur in die Nähe der rechten Demonstration. Manche würden montags extra ihren Dienstplan ändern, um rechtzeitig zu Hause zu sein. Die Rechten, so Schubert, surfen auf einer Angstwelle. Diese Taktik sei aufgegangen, da sind sich alle einig. Es gehe hauptsächlich darum, »die Regierungen aus den Palästen zu jagen«. »Früher«, meint Dieter Hausold, »war es Berlin, jetzt ist es Erfurt«. Genau da sitzt aus Sicht der Rechten jene »abgehobene politische Klasse«, die Höcke am Tag der Deutschen Einheit in Erfurt ausmacht, und gegen die der Frust gerichtet wird.

Ordnungsamt, Polizei, Apparate – überall ist die AfD längst drin.

Unser Gespräch wird von einem Mann unterbrochen, es ist gerade sowieso Bürgersprechstunde. Er ist gekommen, um sich wegen der thüringischen Landesregierung zu beschweren. Der Heizkostenzuschuss aus dem Entlastungspaket sei in Thüringen tatsächlich zu spät angekommen, gesteht Schubert ein. Doch es sei schwer zu vermitteln, wann die Bundesregierung an etwas schuld und wann die Landesregierung verantwortlich sei. Genau das spielt der ohnehin schon starken Thüringer AfD in die Hände. Um derartige Differenzierung müssen sich die Rechten natürlich nicht bemühen.

Die AfD stellt im Stadtrat mittlerweile die größte Fraktion, früher war das mal die LINKE. Die selbsternannte Alternative arbeitet dort im Wesentlichen destruktiv, erklärt Schubert. Das scheint aber niemanden zu stören. In Geras Innenstadt säumen ihre Plakate die Fußgängerzone. Eines ihrer bekannteren Gesichter, der stellvertretende Bundessprecher Stephan Brandner, hat hier seinen Wahlkreis. Er zählt zum völkischen Flügel.

Mit der AfD arbeite man natürlich nicht zusammen, aber es sei schon schwierig, sich gegen sie im Rat durchzusetzen. Man habe durch die Regierungsbeteiligung auch beim Protest gegen die etablierte Politik im Verhältnis zu den »blauen Truppen« an Profil verloren, erklärt Schubert. Den Protest der PDS, so seine Analyse, habe sich die AfD eingemeindet.

Die Frage, warum nun gerade Gera zum Mittelpunkt der rechten Proteste wurde, hat Schubert vermutlich schon öfter beantworten müssen. Er atmet schwer aus, als er zur Antwort ansetzt. Die ganze Problematik des Ostens verdichte sich in Gera: die Einstellung des Bergbaus bei Ronneburg, wodurch 10.000 Menschen ihre Arbeit verloren, die Abwicklung der gesamten Textilindustrie, des Maschinenbaus und der Elektrotechnik. Seit der Wende sei die Stadt von 130.000 auf 91.000 Einwohnerinnen und Einwohner geschrumpft. Die Arbeitslosigkeit verharre hartnäckig auf hohem Niveau. Unter denen, die arbeiten, tut es die Hälfte im Niedriglohnsektor. Dazu ist Gera die heimliche Hauptstadt der Pflegeheime.

In der Blütezeit der Tuchindustrie im 19. Jahrhundert zählte sie zu den reichsten Städten Deutschlands. Gründerzeitvillen zeugen davon. Aber auch Platten aus der DDR-Zeit prägen das Stadtbild, dazwischen das Kultur- und Kongresszentrum (KuK). Dieser Koloss aus Sandstein, bronzefarbenem Aluminium und Glas ist einer von vielen sozialistischen Prunkbauten, die stark renovierungsbedürftig sind. In den kommenden Wochen soll hier immerhin Karat noch einmal auftreten. Es ist, als wäre die Zeit einfach stehengeblieben.

»Die Leute werden nackich gemacht, die werden gedemütigt. Die sagen sich: ›Ich halt's daheem ne' mehr aus‹, die Wut muss raus.«

Die Brandmauer bröckelt

»Antifaschismus heißt gute Sozialpolitik«, meint Max von der Roten Jugend mit einer Mischung aus jugendlicher Leichtigkeit, Überzeugung und hartem Reformertum. Man habe zwanzig Mitglieder, darunter zehn Aktive. Bedingung: Mitglied der Partei zu sein. Es gehe mehr so um »Subbotnik-Sachen, wie früher«, sagt er, also freiwillige Arbeit, vor allem am Sonnabend, wie es in der DDR verbreitet war. Die Partei in Gera habe für ihn etwas Familiäres. In ein paar Wochen kommt Gregor Gysi. Da könnten bei der Demo sogar 300 Leute kommen, schätzen die Männer in der Runde. Gysi ist nach wie vor so etwas wie ein Säulenheiliger, sein Porträt hängt gleich mehrfach im Büro.

Spätestens seit 2015 ist die Rechte auf dem Vormarsch. Die Dynamik der Szene, die nach der sogenannten Flüchtlingskrise zunächst abzuflauen schien, hat seit Corona einen neuen Auftrieb bekommen. Wenn man in Gera eine Maske in der Straßenbahn trägt, werden einem schiefe Blicke zugeworfen. Einer der zentralen Akteure hinter dem rechten Protest ist der vorbestrafte Rechtsextreme Christian Klar. Er ist aktiv im Netzwerk Freie Thüringer, analog zur Gruppierung Freie Sachsen. Zwickau, eine weitere Hochburg der Rechten in Westsachsen, ist nur 30 Kilometer entfernt.

Zu diesem Netzwerk gehört auch Peter Schmidt, Unternehmer und ehemaliger CDU-Wirtschaftsrat. Schmidt ist Geschäftsführer der Jenatec Industriemontagen. Er hat die Initiative Unternehmer mit Herz gegründet. In Gera wird gemunkelt, dass Schmidt in der Stadt als Bürgermeister kandidieren und den parteilosen Julian Vonarb ablösen wolle. Gegen Schmidt, der sich während der Pandemie radikalisierte und der schon jetzt das bürgerliche Gesicht der rechten Demos ist, wirkt Vonarb zahnlos. Unterstützt werden die Freien Thüringer auch vom Fraktionsvorsitzenden der AfD im Stadtrat, Dr. Harald Frank, der die rechtspopulistische Zeitung *Neues Gera* gegründet hat. Ihre Auflage ist mittlerweile halb so stark wie die Einwohnerzahl der Stadt. Ein »schleichendes Gift«, sagt Andreas Schubert. Sie liege wie selbstverständlich bei Ärzten im Wartezimmer aus, erzählt er. Überhaupt seien die Ärzte stark in der AfD vertreten.

Das Ziel ist nicht mehr allein die ewige Mobilisierung. Es geht längst um reale Geländegewinne im vorpolitischen Raum und den Apparaten. »Pegida hat sich totgelaufen«, sagt André Poggenburg am selben Abend bei der rechten Kundgebung. Man brauche neue Erfolge. Und tatsächlich: In Thüringen könnte sich bei der Landtagswahl 2024 Björn Höcke gegen Bodo Ramelow durchsetzen, momentan liegen beide Parteien etwa gleichauf. Die AfD könnte dann entweder die stärkste Fraktion werden, die trotzdem nicht regiert, oder womöglich mit Unterstützung der CDU die erste rechte Regierung in einem ostdeutschen Bundesland

bilden. Mike Mohring, Vorsitzender der Christdemokraten, sagte kürzlich, man dürfe die AfD im Landtag nicht ausgrenzen. Gerade erst haben beide Parteien gemeinsam durchgesetzt, dass das Gendern in öffentlichen Institutionen unterlassen wird.

Auch im Stadtrat gebe es schon informelle Absprachen zwischen den Fraktionen, sagt Andreas Schubert. 2020 gab es bereits einen gemeinsamen Antrag. Niemand würde sich hier ernsthaft über diese Koalition wundern, scheint es. Die überraschende Wahl des FDP-Kandidaten Kemmerich zum Ministerpräsidenten im Jahr 2020, die einen bundesweiten Schock auslöste, wirkt rückblickend wie ein bloßer Vorbote.

Realpolitik gegen Elitenkritik

Als ich mit Dieter Hausold durch Gera laufe, fällt mir immer wieder die alte Straßenbahn ins Auge, die sich quietschend durch die Stadt schlängelt. Die sei noch aus den 1980ern, Bauteile gäbe es leider keine mehr. Und überhaupt die Straßenbahn! Jeder der fünf Männer aus der Runde im Parteibüro spricht über die Rolle der Straßenbahn. Man habe im Stadtrat versucht, mithilfe von Fördermitteln des Landes zwölf neue Bahnen zu bestellen. Das aber habe die AfD verhindert. Mittlerweile weiß man nicht mehr, ob man gerade mal sechs noch erhalten könne. »Nicht eine einzige ist bis jetzt bestellt«, sagt Schubert und faltet die Hände in einer Geste der Niederlage. Durch Lieferengpässe fehlten außerdem Bauteile aus China.

Die Anbindung an den Westen, erzählt Dieter Hausold, sei dem Bodo zu verdanken. Seit 2017 fährt drei Mal am Tag ein ICE über Kassel nach Köln. Aber auch die dauerhafte Elektrifizierung für den Fernverkehr sei noch bis 2030 geplant und nicht gesichert. Es dreht sich viel um die Bahn, um die Strecke nach Erfurt oder Leipzig. Was auf die einen wie eine lediglich schlechte Anbindung wirkt – nicht mehr als eine Unannehmlichkeit –, fühlt sich für manche Geraerinnen und Geraer fast unüberwindbar an. Der Weg in die große Stadt scheint ihnen wie versperrt.

Während die Linken also stundenlang über die Bahn reden, sprechen die Rechten über den Krieg. Auf der abendlichen Kundgebung am Parkplatz hinter dem Theater wehen große Russland-, Deutschland- und Friedensfahnen zwischen den Autos. Darunter auch riesige Wirmer-Flaggen mit schwarz-gelbem Kreuz auf rotem Grund, die an

Unter denen, die arbeiten, tut es die Hälfte im Niedriglohnsektor. Dazu ist Gera die heimliche Hauptstadt der Pflegeheime.

das Attentat auf Hitler erinnern sollen. »Keine deutschen Waffen an die Ukraine«, wird auf Transparenten gefordert.

Es läuft Techno, ein bizarrer Remix der *Internationale* dröhnt aus der Anlage: »Völker hört die Signale, auf zum letzten Gefecht, auf zum letzten Gefecht«, »Wir sind das Volk!«. Eine Lautsprecherdurchsage wettert gegen den Impfzwang. Lautes Tröten ist zu hören, immer wieder Trillerpfeifen. Viele Paare mittleren Alters laufen Händchen haltend mit. Gespenstisch ist das nicht. Eher ein aufgeputschter Stadtspaziergang. Das Ende des Demonstrationszuges ist nicht immer zu erkennen, so viele sind gekommen.

Es ist ruhig, nur an der Straßenbahnhaltestelle pöbeln migrantische Jugendliche den Demonstrationszug an, einige Teilnehmende möchten wohl gern reagieren, halten sich aber zurück. Die Polizei wirkt angespannt, aber routiniert. Ein migrantischer Busfahrer blickt aus der Fahrerkabine auf den Demonstrationszug und schüttelt leicht den Kopf. Noch verlaufen diese Montagabende kontrolliert.

Nach einer Stunde ist das Ritual vorbei. Einige verabschieden sich schon vorher aus den Reihen. »Bis nächste Woche!«, ruft man sich freundlich zu. Nicht jeder will André Poggenburg zuhören, der sogar der AfD zu rechts war und 2019 aus der Partei austrat, nachdem der damalige Bundesvorstand

Seit Tagen isst sie nur Nudeln, seit dreißig Jahren war sie nicht mehr im Urlaub. »Ich weiß gar ne' mehr, wie sich das anfühlt.«

Rosemarie Pilz

versuchte, ihn loszuwerden. Am Revers trägt er die blaue Kornblume, das Symbol der österreichischen Rechtsnationalen. Er spricht von »Annalena, der Baerbockigen« und davon, dass die Länder im Süden ihren »Vermehrungstrieb« zügeln sollten, vereinzelt wird gelacht oder geklatscht. Vor allem die Kritik an den Grünen kommt gut an.

Das spiegelt sich auch in den Gesprächen im Demonstrationszug. Eine Frau in einer Gruppe von Deutschrussinnen, die Kerzen und Lichterketten tragen, sagt: »Den Habeck kann ich ne' mehr hör'n, da versteh' ich gar ne' mehr, was der mir sag'n will.« Verständnis äußern die Frauen auch für Sahra Wagenknecht: »›Die Regierung absetzen‹ hat se gesacht. Sie hat ja ihre Fehler, aber da hat se schon Recht.« Erst als Poggenburg zur großen Demonstration in Leipzig aufruft und »Ami, go home!« brüllt, kommt richtig Stimmung auf.

Die Rechte kann es sich scheinbar leisten, Sätze und Symbole ohne historischen oder kulturellen Zusammenhang aneinanderzureihen. Man wolle sich nicht unter Autoritäten wie die USA oder die politischen Eliten und schon gar nicht die Grünen, die aus einem anderen großstädtischen Milieu stammen, unterwerfen. Wohl aber unter neue Autoritäten, die dem »deutschen Volk« Wohlstand durch Frieden mit Russland sichern.

Vor der Bühne sammeln junge blonde Frauen Spenden und tanzen. Mit der Nationalhymne und einem etwas besseren Feuerwerk als der haushaltsüblichen Feuerwerksbatterie an Silvester endet der Abend. »Schön, das schicke ich meiner Fra, da freit die sich«, sagt der ältere Mann neben mir und filmt. Die Menschen gehen pünktlich um 21 Uhr auseinander. Plötzlich ist es, als wäre hier nie etwas gewesen.

Wie soll man hier bloß das Ruder rumreißen? Im Laufe eines einzigen Tages springt das Gefühl der Machtlosigkeit bereits auf einen selbst über. Umso beeindruckender, dass Peter, Thomas und die anderen seit Jahren montags dagegenhalten. Rosemarie Pilz, eine kleine Frau mit blondem Bobschnitt verteilt bei der linken Montagsdemonstration beharrlich Flyer. Seit Tagen esse sie nur Nudeln, seit dreißig Jahren war sie nicht mehr im Urlaub. »Ich weiß gar ne' mehr, wie sich das anfühlt.« Eine wahnsinnige Lebensdisziplin ist das, sich hier seit Jahren mit nur wenigen Leuten auf die Straße zu stellen. »Vielleicht geht es den Leuten noch zu gut«, sagt sie achselzuckend. In den kommenden Wochen wollen sie sich in einem Bündnis mit den Gewerkschaften und auch den Handwerker-Protesten zusammentun. Das wäre dann aber immer donnerstags. Thomas Elstner aber gibt sich unbeirrt: »Wir machen weiter montags.«

Vielen Dank an *Recherche Ostthüringen* und den Twitter-Account @ostdivan für die Hintergründe.

Ines Schwerdtner ist Editor-in-Chief bei JACOBIN.

Zum ersten Mal steigen überall auf der Welt gleichzeitig die Preise. Regierungen versuchen, gegenzusteuern – doch es fehlt an staatlicher Kontrolle, sagt *Adam Tooze*.

Die große

Interview von Micah Uetricht
Übersetzung von Lukas Scholle
und Ines Schwerdtner

In seinem Newsletter *Chartbook* liefert der Wirtschaftshistoriker Adam Tooze am laufenden Band Analysen zu den Krisen unserer Zeit. Spätestens seitdem Russlands Angriffskrieg auf die Ukraine die Weltwirtschaft ins Chaos gestürzt hat, ist der Professor der Columbia University zur unverzichtbaren Quelle für diejenigen geworden, die den Überblick zurückgewinnen wollen. JACOBIN hat anlässlich der Veröffentlichung der US-amerikanischen Ausgabe zur Inflation mit ihm gesprochen. Dies ist ein Auszug aus dem Interview, das in ganzer Länge als Podcast auf *Jacobin Radio* nachzuhören ist.

Ist das, was wir gerade erleben, eine richtige Inflation?

Das kommt sehr darauf an, wo auf der Welt man sich befindet. Was wir in den USA haben, kann man guten Gewissens als Inflation bezeichnen. Denn was wir – und auch die Wirtschaftswissenschaft, wenn sie ehrlich mit sich ist – unter Inflation verstehen sollten, ist ein wirklich allgemeiner Anstieg der Preise für Waren und Dienstleistungen.

Und vorher gab es in den USA keine Inflation?

Ich bin da sehr skeptisch und habe vieles, was 2021 und auch noch Anfang 2022 in den USA passierte, nicht als Inflation bezeichnet. Denn anfangs handelte es sich eben nur um relative Preisanstiege in bestimmten Sektoren, nicht um ein allgemeines Phänomen. Steigende Preise für Öl, Gas oder Lebensmittel sind für sich genommen noch keine Inflation, denn diese können ebenso wohl Preissenkungen in anderen Bereichen zur Folge haben. Wenn etwa der Benzinpreis nach oben schießt, wird der Preis für Autos tendenziell sinken, weil die Leute sie nicht mehr so stark nachfragen. Was wir zu Beginn dieses Jahres vor allem in den USA beobachten konnten, ist eine allgemeine Preisbewegung nach oben, die man als Inflation bezeichnen kann. Währenddessen haben wir in anderen Teilen der Welt, in Europa zum Beispiel, zwar die gleiche Inflationsrate wie in den USA, aber eine radikal andere Logik.

Inwiefern ist die Situation in Europa eine andere als in den USA?

Der allgemeine Anstieg der Inflationsrate liegt in Europa vor allen Dingen an den steigenden Energiepreisen infolge des Ukraine-Krieges. In den USA dagegen sieht es nach einer klassischen Inflation aus: Alle Preise steigen – und auch die Löhne.

Darauf antworten die Zentralbanken weltweit – in den USA reaktiv und in der EU präventiv – mit einer Leitzinserhöhung.

Wir durchlaufen jetzt eine Phase der restriktiven Geldpolitik oder auch Straffung. Das zeigt sich bei der Federal Reserve und anderen Zentralbanken in Form von Zinserhöhungen und einer Abnahme der Anleihekaufprogramme. Doch wie in den letzten zwölf Monaten deutlich geworden ist, handelt es sich dabei nicht um irgendeine Straffung, sondern um die erste wirklich umfassende Straffung seit Beginn der Globalisierung in den 1990er Jahren. In den letzten dreißig Jahren haben wir eine kapitalistische Globalisierung epischen Ausmaßes erlebt, die jedoch im Großen und Ganzen mit einer relativ niedrigen Inflation einherging. Daher war man eher auf eine stimulierende, lockere Geldpolitik ausgerichtet.

Die Weltwirtschaft erfährt nun erstmals in dieser Ära eine wirklich starke Straffung der Geldpolitik. Und es geht dabei nicht so sehr um den Grad der Straffung – der ist in der Tat weniger dramatisch – als vielmehr um das globale Ausmaß. So ziemlich jede Zentralbank der Welt, mit Ausnahme der Bank of Japan und der People's Bank of China, verfolgt derzeit eine restriktivere Geldpolitik.

Wir sind also einerseits zum ersten Mal in der modernen Weltwirtschaft mit einer Inflation konfrontiert und andererseits ist diese Inflation umfassender als je zuvor. Uns wird gerade ruckartig klar, dass wir so etwas noch nie erlebt haben. Wir haben einfach keinen Datensatz, der uns sagt, wie es jetzt weitergeht. Im Gegenteil, wir haben nichts. Mit anderen Worten: Wir kennen nur eine Welt, in der alle Zentralbanken gleichzeitig die Geldpolitik lockern. Aber wir haben keine ernsthaften empirischen Daten darüber, was passiert, wenn alle Zentralbanken die Geldpolitik gleichzeitig straffen.

Aber es gibt doch ein Beispiel für eine solche geldpolitische Straffung.

Ja, der legendäre historische Moment der geldpolitischen Straffung, der die Vorstellung der modernen Zentralbanken bis heute prägt: Der sogenannte Volcker-Schock, den die Federal Reserve im Jahr 1979 auslöste. Die damalige Zinserhöhung war viel brutaler als die heutige. Und es lohnt sich, dies im Verhältnis zu betrachten, denn derzeit sind die Realzinsen in den USA bei einer Inflation von 8 Prozent immer noch negativ. Dennoch haben die Schritte der Fed und anderer Zentralbanken eine dramatische Wirkung. 1979 hingegen sorgte der ehemalige Chef der Fed, Paul Volcker, für diesen gewaltigen Anstieg: Die Zinssätze stiegen in den zweistelligen Bereich und die Bank of England und die anderen europäischen Zentralbanken mussten nachziehen. Aber das Ausmaß war regional viel begrenzter.

Was ist der Unterschied zur Situation heute?

Wir sprechen gemeinhin über den Kapitalismus, als würde er eine Kontinuität darstellen. In Wirklichkeit ist er ständig massiven und dramatischen Veränderungen unterworfen. Und der Kapitalismus der 1970er Jahre war wirklich ein winzig kleines Tierchen im Vergleich zu dem, womit wir es heute zu tun haben. Es gab viel weniger Akteure im System. Diesmal war Brasilien der Vorreiter. Bolsonaros Regierung begann als erste mit der Straffung. Die brasilianische Elite konnte die Inflation dadurch unter Kontrolle bringen und das könnte eine Menge damit zu tun haben, dass Bolsonaro bei der jüngsten Wahl doch relativ stark abschnitt. Es gibt eine unerzählte Geschichte der kapitalistischen Stabilisierung, die in Brasilien bereits ein Jahr früher beginnt als in den USA.

Das ist die historische Lage, in der wir uns befinden. Und ja, wir sollten beunruhigt sein, denn wir wissen nicht, wie das funktioniert. Es könnte zum Beispiel sein, dass wir den Zinssatz falsch bestimmen. Die Folge wäre nicht einfach nur, dass die Kreditaufnahme erschwert wird, sondern auch, dass die Zinszahlungen die Einkommen erdrücken. Warum also sollte man einen solchen Mechanismus anwenden?

»Man muss kein Anhänger Hayeks oder der Österreichischen Schule sein, um zu sagen: Eine Inflation zu kontrollieren, ist komplizierter, als es vom Küchentisch aus scheint.«

Sollten wir lieber direkt die Preise kontrollieren?

Ja, das würde sehr viel mehr Sinn ergeben. Man sollte aber nicht unterschätzen, wie verdammt kompliziert eine moderne Wirtschaft ist. Das geht zurück auf die sogenannte Debatte über die Wirtschaftsrechnung im Sozialismus in den frühen 1920er Jahren. Man muss kein Anhänger Hayeks oder der Österreichischen Schule sein, um zu sagen: Eine Inflation zu kontrollieren, ist komplizierter, als es vom Küchentisch aus scheint. Denn es gibt Millionen von Preisen, die man idealerweise kontrollieren müsste. Und wenn man nur ein halbes Dutzend wichtiger Preise kontrolliert, welche Art von Verzerrungen verursacht man dadurch ungewollt in der Wirtschaft?

Diese Argumentation lässt sich offensichtlich politisch instrumentalisieren, um beispielsweise einen Mietendeckel weniger attraktiv erscheinen zu lassen. Das ist das Standardargument: Was sind die Nebenwirkungen? Was sind Kollateralschäden? Und die progressive Standardantwort sollte natürlich lauten, dass wir uns eben für ein öffentliches Wohnungswesen entscheiden. Wenn man einen Mietendeckel einführt, wird man nämlich nicht mehr ausreichend private Investitionen erhalten. Als Linke kann man das durchaus begrüßen. Aber man muss sich darüber im Klaren sein, dass jeder solche Schritt einen zweiten und einen dritten und einen vierten Schritt nach sich zieht. Für das Wohnungswesen ist das noch einfach zu erklären, im Energiebereich ist es schon viel schwieriger.

Und wie senken wir mittelfristig die Inflation?

Wir brauchen eine vierdimensionale Strategie: erstens ein Ausgaben- und Investitionsprogramm, zweitens die Kapazitäten der Zentralbanken, drittens eine radikale Besteuerung und viertens eine Strukturreform, die ganz neue Möglichkeiten eröffnet.

Die Zentralbanken müssen wieder politisch eingehegt werden. Man muss in die bürokratischen Apparate eindringen und ihre Sichtweise auf die Welt ändern, ansonsten wird man mit ihnen keine Fortschritte machen können. Man nutzt sie also, um für Stabilität auf den Anleihemärkten zu sorgen – damit es bei einem Defizitprogramm à la Corbyn nicht zu einer Panik und Blockade kommt wie bei einem Defizitprogramm à la Truss. Und die sich daraus ergebenden öffentlichen Investitionen setzt man dann gezielt ein, um die gewünschten Ziele zu erreichen.

Selbst während der Inflation könnte man zum Beispiel in den USA ein Paket auf den Weg bringen, das fünfmal größer wäre als der Inflation Reduction Act, den der Kongress verabschiedet hat. Warum nicht? Konservative würden argumentieren: Weil man in einem Moment wie diesem, in dem bereits Inflationsdruck besteht, nicht noch einen weiteren Stimulus hinzufügen möchte. Lassen wir das Argument einmal gelten. Aber wir wollen trotzdem Klimainvestitionen. Die Lösung ist, jene Erhöhung der Nachfrage durch den Stimulus durch Besteuerung und somit Reduzierung der Nachfrage am oberen Ende der Einkommensverteilung zu kompensieren. Dann erfüllen wir auch wieder das Kriterium des makroökonomischen Gleichgewichts.

Und dann brauchen wir eine Transformation der institutionellen Strukturen. Das Gerede vom »deep state« ist nicht ganz gegenstandslos: Es gibt eine grundlegende Machtstruktur, die die politischen Akteure davon abhält, sich autonom zu verhalten – seien es extreme Rechte oder Linke. Die linke Alternative ist in den USA selten erprobt worden. In Europa hat man es versucht. In Großbritannien ist es auch schon länger her. Aber in Griechenland, Portugal und Spanien weniger lang – und da hat man die Lektion lernen müssen, dass es eine Reformpolitik braucht, die die Märkte und Unternehmen angeht, aber auch die Regierungsinstitutionen selbst.

Wenn man diese Strategie in allen vier Dimensionen verfolgt, kann man die Dinge richtig anpacken. Wenn man auch nur eine von ihnen auslässt, schränkt man sich nur selbst darin ein, was man eigentlich mit linker Politik erreichen kann.

Tarifpolitik allein reicht nicht

Gewerkschaften müssen in der Inflation auf eine Doppelstrategie aus Lohnkämpfen und politischen Forderungen setzen.

Text von **Hans-Jürgen Urban**
Illustration von **Andy King**

Der Gegenwartskapitalismus befindet sich in einer Vielfachkrise. Externe Schocks wie die Corona-Pandemie, gerissene globale Wertschöpfungsketten und nun der Ukrainekrieg treffen auf langfristige Umbrüche wie die Globalisierung, die Digitalisierung und die Klimakrise. Alle gesellschaftlichen Akteure, vor allem aber Staat, Parteien, Unternehmen und Gewerkschaften, stehen vor einem Problepanorama, das nur mit größtem Kraftaufwand zu bewältigen ist.

Notfall-Pragmatismus

Dabei überrascht es nicht, dass die gegenwärtige Krisenpolitik von jenen Kräfteverhältnissen geprägt ist, die drei Jahrzehnte neoliberale Hegemonie und linke Defensive hinterlassen haben. Wie in der Finanzmarktkrise ab 2008 dominiert ein Notfall-Pragmatismus, in dem vor allem die Krisenbearbeitung des herrschenden Blocks an der Macht zum Ausdruck kommt. Er enthält durchaus Elemente, die neoliberalen Dogmen widersprechen und die als Zugeständnisse an Gewerkschaften und öffentliche Meinung zu werten sind: Wirtschaftshilfen für Unternehmen, Zuschüsse zu Arbeits- und Sozialeinkommen, die Mobilisierung staatlicher Ressourcen über Neben- und Schattenhaushalte sowie rettende Verstaatlichungen von Unternehmen, die als »too big to fail« gelten – deren Reprivatisierung nach der Krise jedoch vorab zugesichert wird.

Wenn die Eliten ihre Macht- und Verteilungsinteressen nur so wahren oder gar eine Systemkrise abwenden können, dürfen auch ideologische Blockaden bei der Schuldenaufnahme oder Eingriffen in den Energiemarkt zeitweise ausgesetzt werden. Die gesellschaftliche Linke sollte sich jedoch keinen Illusionen hingeben. Die weitreichende Staatsintervention markiert keine fortschrittliche Verschiebung in den sozialen und politischen Kräfteverhältnissen. Die Linke als organisierte progressive Kraft ist gegenwärtig weitgehend wirkungslos.

Werden die Erwartungen der Gewerkschaftsmitglieder enttäuscht, kann das in eine politische Entfremdung münden, die sich durch keine Demonstration am Wochenende wettmachen lässt.

Rechte Gefahr und linkes Gegenprogramm

Im Gegenteil, in dieser Konstellation droht alsbald eine Welle sozialer, ökologischer und demokratiepolitischer Rückschritte. Spätestens im Zuge des Abbaus der exorbitanten öffentlichen Defizite werden sozialstaatliche Leistungen und ökologische Infrastrukturinvestitionen unter Druck geraten. Eine wirkliche Kompensation der Krisenkosten für die abhängig Arbeitenden ist nicht in Sicht. Überteuertes und ökologisch katastrophales Fracking-Gas aus den USA zu importieren, während der Ausbau regenerativer Energieträger stagniert, bedeutet einen Rückfall hinter erreichte Ökologiestandards, wie unzulänglich diese auch gewesen sein mögen. Und der Aufschwung von AfD und rechten Protestbewegungen gefährdet selbst die limitierten Spielräume liberaler Demokratie.

Ein linkes Gegenprogramm zur herrschenden Politik hätte sich an mindestens vier Zielen zu orientieren: Erstens müssen Beschäftigung, Kaufkraft und Sozialstatus real und spürbar gesichert werden. Zweitens gilt es, krisenbedingte Extra-Profite, sogenannte Übergewinne, und große Vermögen durch eine entsprechende Steuer- und Fiskalpolitik an die unteren und mittleren Schichten der Lohnabhängigen umzuverteilen und so der Refinanzierung der Staatsschulden über Sozialabbau und ökologischen Rückschritt vorzubeugen. Drittens müsste ein Gegenprogramm die Eigentumsfrage, insbesondere im Bereich der kritischen Infrastruktur, von links politisieren – so

Gegen den Autoritarismus wird kein kurzatmiger Aktivismus helfen.

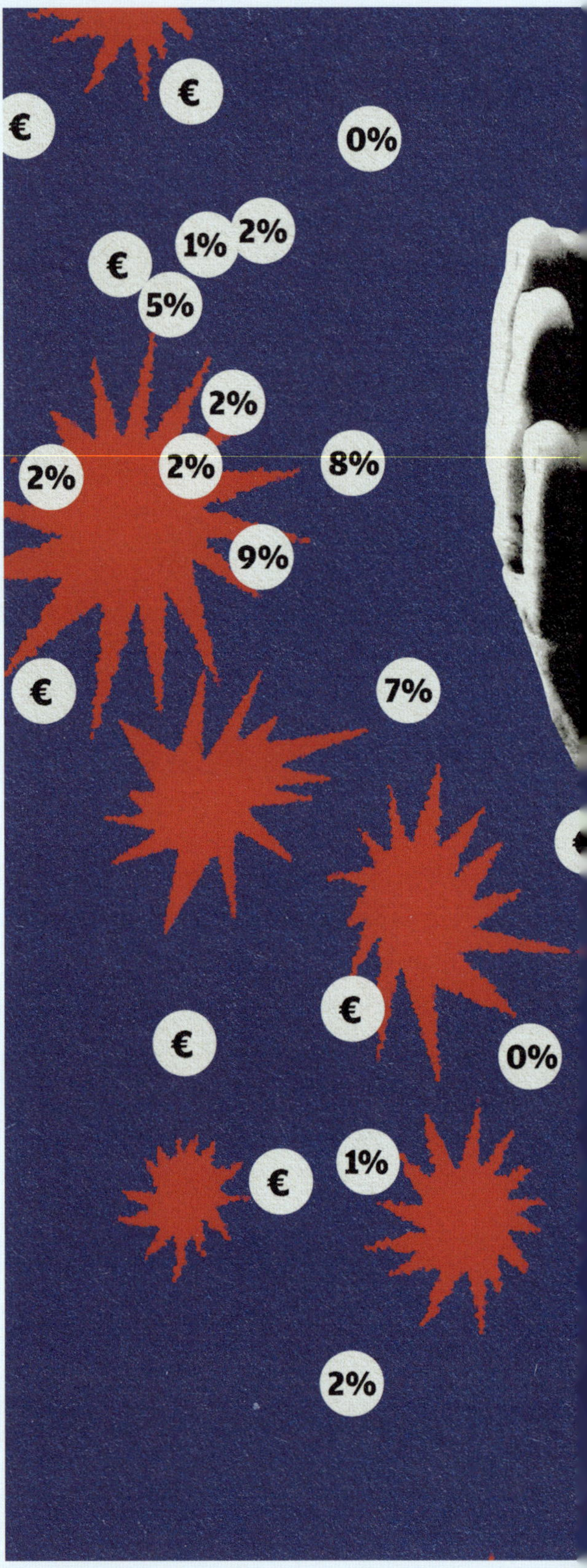

unzureichend die rettenden Verstaatlichungen für eine transformative Politik auch sein mögen, können sie doch Anknüpfungspunkte darstellen, um die eklatanten Defizite privatkapitalistischer Eigentumsrechte offensiv zu thematisieren. Und viertens muss ein linkes Gegenprojekt ohne Wenn und Aber auf die Dekarbonisierung der Produktions- und Lebensweise beharren, verbunden mit einem entsprechenden Sozialschutz und öffentlichen Eingriffen in private Produktions- und Investitionsentscheidungen.

Die Renaissance des politischen Mandats

Die Gewerkschaften setzen die Akzente ihrer Mobilisierung bisher vor allem in ihren Kernfeldern, in erster Linie der Tarifpolitik. Dafür haben sie gute Gründe. Ihre Mitgliederbasis erwartet, dass der inflationsbedingte Kaufkraftverlust ihrer Einkommen bekämpft wird – würden diese Erwartungen enttäuscht, könnte dies in eine politische Entfremdung münden, die sich durch keine Demonstration am Wochenende wettmachen ließe.

Dabei sollte eine Besonderheit der gegenwärtigen Tarifkämpfe nicht übersehen werden: Vor allem die IG Metall und Verdi setzen auf eine Doppelstrategie aus Tarifforderungen und Forderungen an die Politik. Nur eine Kombination aus Tariferhöhungen und sozialstaatlichen Transfers, so die Botschaft, kann die Arbeitenden vor der Inflation schützen. Sicherlich kommt darin auch die gewerkschaftliche Defensive in der Krise zum Ausdruck. Doch zugleich reflektiert diese Aufwertung des politischen Mandats der Gewerkschaften den objektiven Bedeutungszuwachs der staatlichen Politik-Arenen für eine wirksame Verteilungspolitik.

Weder die Entwertung der Arbeitseinkommen noch die soziale Deklassierung kann alleine über die Tarifpolitik verhindert werden. Dies gilt umso mehr, wenn diese Ziele mit einer offensiven Umverteilungsausrichtung verbunden werden. Und noch offensichtlicher ist die Unverzichtbarkeit des politischen Mandats, wenn man die notwendigen Eingriffe in die kapitalistische Eigentums- und Verfügungsstruktur und die Mobilisierung öffentlicher Milliarden für den ökologischen Umbau des Produktionsmodells anvisiert.

Strategischer Sozialprotest

Die Bündnispartner in den sozialen Protesten tun gut daran, die Gewerkschaften in dieser Doppelstrategie zu unterstützen. Letztere haben sich vielfach an Demonstrationen der letzten Monate beteiligt und sollten auch zukünftig eine zentrale Rolle bei der Aufrechterhaltung und vor allem der politischen Orientierung der Sozialproteste spielen. Der Rechtsdrift ist so stark, dass eine grundlegende Korrektur nur über eine entsprechende Gegenkraft gelingen kann. Die anschwellende Sozialwut aus der Mitte der Gesellschaft droht zur kontinuierlichen Energiezufuhr eines chauvinistischen und xenophoben Autoritarismus zu werden. Wie nur wenige andere Akteure besitzen die Gewerkschaften als Massenorganisationen eine ansehnliche Reichweite in die Gesellschaft hinein. Und diese Breitenwirkung ist für die Fortführung der Proteste notwendiger denn je.

Dem Autoritarismus kann jedoch kaum durch einen kurzatmigen Aktivismus Einhalt geboten werden. Bleiben spontane Proteste erfolglos, wächst die Gefahr von Frustration und Fatalismus unter den Beteiligten. Das belegen historische Erfahrungen. Gefordert ist vielmehr ein Sozialprotest, der Forderungen und Mobilisierungsstrategien effektiv verbindet. Dieser muss den unmittelbaren sozialen Verarmungs- und Abstiegsängsten mit sachgerechten Politikforderungen Rechnung tragen. Zugleich muss der Protest in die Kernstruktur der Eigentums- und Verfügungsordnung vordringen, sollen Umverteilungsziele und die ökologische Transformation nicht auf der Strecke bleiben.

Die erfolgreiche Anrufung für einen solchen Protest muss Ängsten und Wut einen authentischen Ausdruck verleihen. Zugleich muss sie eine Politik des langen Atems verfolgen. Die Vielfachkrise des globalen Kapitalismus wird andauern. Und weder die Korrektur der gegenwärtigen Krisenpolitik noch gar die Veränderung der gesellschaftlichen Kräfteverhältnisse wird schnell zu haben sein. Ein strategischer Sozialprotest mit starken Gewerkschaften muss sich darauf einstellen.

Hans-Jürgen Urban ist Sozialwissenschaftler und geschäftsführendes Mitglied im Vorstand der IG Metall.

Genug für alle

Der Linken fehlt die gesellschaftliche Verankerung, um Menschen in dieser Krise für sich zu gewinnen. Ein Kampagnenvorschlag.

Text von **Marvin Hopp** und **Ines Schwerdtner**
Fotografien von **Georg Kurz**

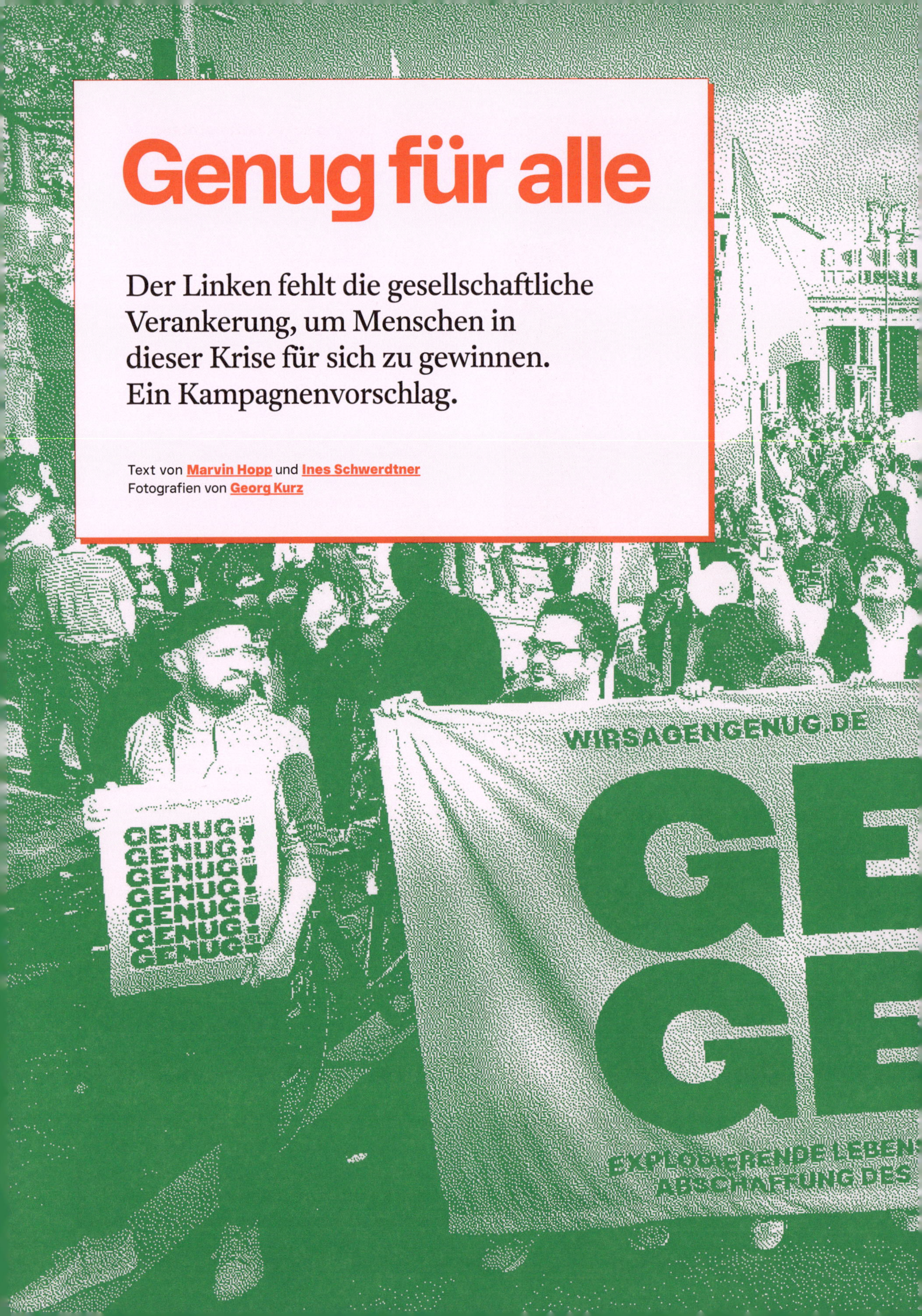

@WIRSAGENGENUG
NUG IST
NUG!
ELPREISE × HORRENDE STROM- UND GASRECHNUNGEN
O-TICKETS × MIETWUCHER × PROFITE MIT DER NOT

Die Linke befindet sich in einer paradoxen Situation. Einerseits schreit die Preiskrise nach sozialistischen Lösungen – Forderungen nach Umverteilung und sogar Vergesellschaftung der Daseinsvorsorge sind in der Bevölkerung so beliebt wie nie. Doch die Massenmobilisierung durch verschiedene linke Bündnisse, die sich vor allem in den Großstädten gebildet haben, bleibt bisher aus. Für dieses Dilemma ist nicht nur ein Grund, sondern ein Bündel an Ursachen ausschlaggebend.

Erstens dämpft die derzeitige Bundesregierung die Proteststimmung durch die Entlastungspakete immer gerade so sehr, dass sie nicht direkt auf die Straße getragen wird. Die unpopuläre Gasumlage hätte zur politischen Katastrophe werden können – man sagte sie gerade rechtzeitig ab. Trotzdem müssen wir festhalten: Die staatsinterventionistische Politik der Bundesregierung ist in erster Linie von Krisen getrieben, nicht von unseren Protesten. Linke Konzepte wie nun die Gaspreisbremse werden zwar angewendet, weil sie richtig sind, aber sie werden zu zaghaft und zu spät umgesetzt. Die Linke agiert dabei im besten Fall als Stichwortgeberin, ohne jedoch wirklich politischen Einfluss auszuüben. Hierfür fehlt ihr schlichtweg der Machthebel.

Zweitens sind diejenigen, die am meisten unter den Krisen leiden, auch diejenigen, die seit Jahren oder vielleicht Jahrzehnten politisch nicht mehr erreichbar, geschweige denn organisiert sind. Mit der Transformation der SPD zur »Marktsozialdemokratie« (Oliver Nachtwey) wurde der Bruch zwischen den Arbeitenden im Niedriglohnsektor und der parlamentarischen Linken vollendet. Das untere Drittel wird in den Parlamenten kaum repräsentiert und auch keine andere Organisation oder Bewegung hat diese Lücke füllen können. Für die politische Linke ist die in diesem Teil der Gesellschaft besonders große Apathie und Hoffnungslosigkeit einer der wesentlichen Knackpunkte. Durch eigene Regierungsbeteiligungen oder eine zurückhaltende, angepasste Politik sind auch Linkspartei und Gewerkschaften nicht mehr die natürlichen Partnerinnen derjenigen, die diese Organisationen am meisten brauchen.

Drittens konnten die üblichen Bündnisstrategien der großen Organisationen und Gruppen in der Vergangenheit wie auch in diesem Herbst immer seltener über die eigene Blase hinaus Menschen auf die Straße mobilisieren. Auch dieses Dilemma ist nicht erst seit gestern zu beobachten. Mit Blockupy, Grenzenlose Solidarität statt G20, Unteilbar und kürzlich dem Solidarischen Herbst haben wir eine Reihe von Großdemonstrationen erlebt, die, obwohl sie fast alle Kräfte der organisierten Linken bündelten, in der Welt der abhängig Beschäftigten so gut wie keinen Unterschied gemacht haben. Die strategische Ausrichtung solcher Kampagnen krankt immer wieder am gleichen Problem: Sie setzt auf Mobilisierung statt Organisierung und hat Akzeptanz und Aufmerksamkeit in einer »bürgerlichen Öffentlichkeit« (Oskar Negt und Alexander Kluge) zum Ziel, anstatt eigene Erfahrungsräume und neue solidarische Beziehungsweisen zu schaffen. Durch die Fokussierung auf ein einmaliges, medienwirksames Event verpuffen Stunden der politischen Arbeit mit der nächsten Pushmeldung.

Viertens ist ein Teil der parteipolitischen Linken entweder selbst in der Bundesregierung vertreten und erlebt dort den schon oft beobachteten Marsch durch die Institutionen, wobei sie von Machtpolitik zerrieben wird, oder verharrt wie die Partei DIE LINKE in einem quälenden Zustand der Zerrissenheit. Letztere müsste in dieser Krise die parlamentarische Stimme einer linken Gegenbewegung sein, ist im Moment aber nicht einmal in der Lage, ein kohärentes Programm auszuformulieren, das Menschen erreichen oder gar überzeugen könnte.

Die Verantwortung verlagert sich deshalb fünftens immer stärker auf die Gewerkschaften, die mit Sozialprotesten in der Vergangenheit auch zurückhaltend waren, sich aber angesichts der hohen Lebenshaltungskosten mit der Frage konfrontiert sehen, ob sie ihr politisches Mandat nicht stärker ausfüllen müssten. Mit über 5 Millionen Mitgliedern besitzen sie als politischer Akteur immer noch die größte gesellschaftliche Basis in der Bundesrepublik. Und mit dem Streik verfügen sie über einen wirklichen Machthebel, um bessere Arbeits- und Lebensbedingungen durch kollektive Selbstermächtigung – anstelle kollektiver Bettelei – durchzusetzen.

In der jüngsten Tarifrunde der Metall- und Elektroindustrie mobilisierte die IG Metall zwar 900.000 Menschen in den Arbeitskampf, erzielte aber einen Abschluss, der keinesfalls zufriedenstellen kann. Zu unterschiedlich sind die Realitäten in der Fläche. Das Ergebnis einer zweistufigen Lohnerhöhung um gerade einmal 8,5 Prozent, bei einer Laufzeit von 24 Monaten und Optionen auf »Differenzierung«, macht es nicht gerade einfacher, in den kommenden Wochen und Monaten auch in anderen Branchen schlagkräftig einen Inflationsausgleich zu fordern. Mit ihrer defensiven Haltung wird es für die Gewerkschaften zunehmend schwieriger, die Bastion gegen Reallohnverlust zu sein.

Die Rolle von Arbeitskämpfen

All das bedeutet für die politische Linke, dass sie strategisch umdenken muss: von der kurzfristigen Mobilisierung im Rahmen klassischer Kampagnenpolitik hin zu einer Organisierung, in der Menschen sowohl ihren Protest zum Ausdruck bringen als auch sich selbst als wirksam wahrnehmen können. Neben einer überzeugenden Praxis fehlt vor allem der Aufbau von Beziehungen (und

Durch die Fokussierung auf ein einmaliges, medienwirksames Event verpuffen Stunden der politischen Arbeit mit der nächsten Pushmeldung.

Die Streikenden von Teigwaren Riesa sind am 9. November nach Berlin gekommen, um ihrer Forderung nach 2 Euro mehr Lohn auch in der Hauptstadt Ausdruck zu verleihen.

damit Vertrauen) über die eigene Blase hinaus – das heißt die gesellschaftliche Verankerung linker Politik.

Strategisch braucht Protest darüber hinaus Ankerpunkte. Solche Punkte können zum Beispiel dort entstehen, wo Beschäftigte Perspektiven gegen Reallohnverluste und Verarmung entwickeln – etwa in Lohnauseinandersetzungen zusammen mit ihren Gewerkschaften. In einigen offensiv geführten Arbeitskämpfen der vergangenen Jahre ist genau das passiert: Mit einem echten Machtaufbau von unten haben Beschäftigte ihr Schicksal selbst in die Hand genommen und lebensverändernde Tarifverträge durchgesetzt. Dabei ist das Bewusstsein, das sie in diesen Kämpfen ausgebildet haben, nicht innerhalb der Grenzen ihrer Betriebe gefangen geblieben, sondern hat gesellschaftspolitische Dimensionen erreicht. So haben sich 2021 die Krankenhausbeschäftigten von Charité und Vivantes in Berlin mit einer betrieblichen und politischen Druckkampagne und einem mehr als einmonatigen Erzwingungsstreik nicht nur über Berufsgruppen hinweg stark gewerkschaftlich organisiert, sondern konnten vor allem auch echte Verbesserungen für viele Kolleginnen und Kollegen durchsetzen. Ihr Erfolg strahlt weit in andere Gewerkschaftsbereiche und in die Gesellschaft hinein.

Auch die Beschäftigten von Teigwaren Riesa versuchen in diesen Wochen trotz klammer Streikkassen eben nicht nur eine Lohnerhöhung um 2 Euro zu erstreiken: Sie kämpfen auch gegen den Niedriglohn und für die Angleichung der Ost-Gehälter. Und auch in der Metall- und Elektroindustrie greift man zu neuen Mitteln. So ließen sich zum Beispiel die Beschäftigten von vier Standorten des Automobilzulieferers Musashi Europe im Mai dieses Jahres nicht spalten und setzten unter dem Motto »Zukunft durch Widerstand« mit offensiver Konfliktführung und gegen die Verzichtsforderungen des Managements einen Zukunfts-, Transformations- und Sozialtarifvertrag durch.

Durch die zentrale Mitwirkung von Akteuren der politischen Linken sind Organizing sowie Ansätze einer offensiven und politischen Konfliktführung selbst im Elfenbeinturm Hochschule angekommen. Nachdem 2018 studentische Beschäftigte der Berliner Hochschulen erfolgreich einen neuen Tarifvertrag durchsetzen konnten, streikten 2021 – nach vorangegangenem Strukturaufbau – erstmals auch in anderen Städten wissenschaftliche Hilfskräfte für bessere Arbeitsbedingungen. Aktuell bereiten sie eine bundesweite Tarifbewegung für das nächste Jahr vor.

Trotz dieser kleineren und größeren Erfolge der strategischen Erneuerung bleiben Gewerkschaften widersprüchliche Orte. Viele Hauptamtliche haben das Stellvertretertum verinnerlicht und klammern sich vielerorts noch immer an diese Rolle, obwohl die Sozialpartnerschaft bereits großflächig von der Kapitalseite aufgekündigt wurde. Trotz der relativen Stärke, die die Gewerkschaften in Deutschland nach wie vor besitzen, muss diese in Zeiten von Mitgliederverlust und Defensivkämpfen veraltete Kultur infrage gestellt werden.

Organizing ist dafür nicht das einzige Mittel, aber sicherlich die Methode der Wahl.

Die Verbindung von Gewerkschaftskämpfen und Sozialprotest ist deshalb der Kern der Kampagne Genug ist Genug, die wir vor einigen Wochen von den britischen Kolleginnen und Kollegen von Enough is Enough übernommen und nach Deutschland geholt haben. In der britischen Kampagne ging das Streikgeschehen den Protesten voraus. Auch konnte sie sich auf eine existierende sozialistische Linke stützen, die besser in den Gewerkschaften verankert ist. Und die konservative Regierung in Großbritannien gibt einen eindeutigeren Gegner ab als die Ampel in Deutschland. Auch wenn wir es mit unterschiedlichen Verhältnissen zu tun haben, so eint uns doch die Grunderkenntnis der Arbeiterbewegung, dass wir nichts geschenkt kriegen, sondern uns alles selbst erarbeiten und erkämpfen müssen. Und wenn sich in Krisenzeiten nur wenige Gewinner die Taschen voll machen und der Staat allenfalls besänftigend eingreift, ist der Boden deutlich fruchtbarer für eine neue und offensive linke Politik.

Die Kollegen der Berliner Stadtreinigung demonstrieren gemeinsam mit der Krankenhausbewegung am 22. Oktober in Berlin beim Solidarischen Herbst.

Die Reihen schließen

Es mögen hierzulande nur einige kleine Feuerchen sein, die bisher lodern. Aber sie sind doch ein Anzeichen dafür, dass sich innerhalb der Gewerkschaften, aber auch der radikalen und bewegungsorientierten Linken etwas verschiebt. Auch in der Klimagerechtigkeitsbewegung ist viel stärker der Wunsch zu spüren, sich über die eigenen Forderungen hinaus Sozialprotesten anzuschließen und längerfristig gemeinsam gegen fossile Unternehmen und eine zerstörerische Politik vorzugehen. Genug ist Genug kann ein Banner sein, hinter dem sich verschiedene Gruppen und Personen versammeln, um realistische und radikale Forderungen aufzustellen und gemeinsam mehr Menschen zu erreichen, als sie es allein je könnten.

Um erfolgreich zu sein, müssen wir jedoch die übliche Bündnispolitik überdenken. Nicht der kleinste gemeinsame Nenner, sondern die kompromisslose Umsetzung realer Forderungen ist entscheidend. Das bedeutet, die eigene Polit-Gruppe, Partei oder Gewerkschaft nicht als Nische zu behandeln, in die wir uns wohlig zurückziehen können, sondern unsere Forderungen als Mehrheitspolitik zu begreifen. Es bedeutet, so viele Menschen wie möglich hinter dem Banner von Genug ist Genug zu versammeln, ohne die Forderungen oder die Angriffslust gegenüber Bundesregierung und Arbeitgebern zu verwässern. Wir brauchen ein starkes und stabiles Bündnis mit den Menschen, die von Armut betroffen oder erwerbslos sind – mit allen, die sich seit Jahren nicht mehr gesehen oder gar repräsentiert fühlen. Und wir müssen das Potenzial nutzen, das gerade dadurch entsteht, dass Arbeitskämpfe über die Betriebe hinausreichen und gewerkschaftliche Forderungen mit gesellschaftlichen zusammenfallen.

Das bedeutet, im Inhalt wie im gesamten Auftreten anschlussfähig zu sein. Linke Besserwisserei wird uns den Menschen an den Haustüren oder in den Betrieben nicht näher bringen. Dafür braucht es eine überzeugende Strategie und solidarische Beziehungen. Bei den Rallys von Genug ist Genug – den Saalkundgebungen, die nun, organisiert von den über dreißig entstandenen Orts- und Hochschulgruppen, in der ganzen Bundesrepublik stattfinden –, sind bereits viele Menschen über sich hinausgewachsen. All diese Momente können ein neues Fundament für eine menschennahe linke Politik schaffen, die den schweren Auseinandersetzungen der Zukunft standhalten kann.

Ines Schwerdtner ist Editor-in-Chief bei JACOBIN und eine der Initiatorinnen von Genug ist Genug.

Marvin Hopp ist Zerspanungsmechaniker und Sozialökonom an der Universität Göttingen. Er war bei der IG Metall bei Volkswagen in Braunschweig aktiv, heute unter anderem bei der TVStud-Kampagne und bei Genug ist Genug.

Für die Gießkanne

Zielgenauigkeit braucht es bei der Vermögensabgabe für das reichste Prozent, nicht bei den Entlastungen für die große Mehrheit.

Text von Lukas Scholle   Illustration von Julius Klaus

Die Menschen werden wieder ärmer – von den kleinen Einkommen bis zu den mittleren. Dennoch gibt es auf der Linken keine nennenswerten politischen Landgewinne, weder in der öffentlichen Debatte noch auf der Straße, die die Regierung unter Druck setzen und den rechten Protestlern das Wasser abgraben könnten. Dabei ist dies der Moment, zu beweisen, dass eine Politik für die große Mehrheit möglich ist. Stattdessen beherrschen neoliberale Dogmen die politische Debatte von rechts bis links.

Die Grenze liegt nicht in der Mitte

Das größte Dogma ist die Annahme, alle Maßnahmen müssten notwendig durch Steuern gegenfinanziert werden. Aus ihr folgt die Mahnung, eine Politik der Gießkanne zu vermeiden, damit ja niemand entlastet wird, der nicht in absoluter Not ist. Diese Mythen untermauern den wirtschaftsliberalen Mainstream und blockieren einen progressiven Gegenentwurf, der die große Mehrheit der Gesellschaft kurzfristig entlasten und langfristig ermächtigen würde. Denn eine linke Erzählung, die selbst in diesen Dogmen verharrt, verstrickt sich notwendig in Widersprüche. Progressive Maßnahmen, die wirklich etwas ändern, erscheinen nämlich unter diesem Vorzeichen als ökonomisch wie umsetzungstechnisch fragwürdig.

Das zeigt sich zum Beispiel an den Direktzahlungen, die immer wieder ins Spiel gebracht werden: Aus Angst vor der Gießkanne werden da willkürliche Grenzen irgendwo durch die Mittelschicht gezogen, an denen die Hilfen einfach aufhören – als verliefe der Klassengegensatz zwischen Kapital und Arbeit bei der Hälfte oder zwei Dritteln der Bevölkerung.

So kommt es, dass vom CDU-Chef Friedrich Merz bis zum Chef des Paritätischen Wohlfahrtsverbands, Ulrich Schneider, viele das gleiche Bild bedienen: Das Geld ist knapp, daher sollten wir gezielt die Ärmsten entlasten und bei der Mittel- und Oberschicht sparen. Schneider meint, »die adäquate Antwort auf die Inflation wäre eine offensive Sozialpolitik, die nicht auf das

Prinzip Gießkanne ... setzt«. Merz bringt das auf den Slogan »lieber 1.000 Euro für Arme als 300 Euro für alle«. Das mag im ersten Moment einleuchten, da die Ärmsten selbstredend dringender Entlastungen benötigen. Im Endeffekt bedeutet das aber, die große Mehrheit gegen die Ärmsten auszuspielen. Dabei ist es allemal möglich und ökonomisch geboten, zugleich die Ärmsten und die große Mehrheit zu entlasten.

Wenn Hunderte Milliarden Euro für Entlastungspakete und militärische Aufrüstung vorhanden sind, dann gibt es auch Geld für weitreichendere Entlastungen der großen Mehrheit und die Vergesellschaftung der Energieindustrie.

Was wir fordern

Um sich von diesen neoliberalen Dogmen zu befreien, benötigen Linke einen anderen Ansatz, der konsequent die 99 Prozent anvisiert und dabei neue politische Möglichkeiten eröffnet: eine Politik der großen Schritte, die umfangreiche materielle Verbesserungen vorstellbar macht und zugleich ihre Umsetzung erleichtert.

Bei den Forderungen der Kampagne Genug ist Genug haben wir genau das beherzigt. Ein zu versteuerndes Wintergeld von 1.000 Euro für alle soll vor allem die größte Not lindern. Daneben muss das populäre 9-Euro-Ticket wieder eingeführt werden, um günstige Teilhabe am öffentlichen Leben zu ermöglichen. Auch der Gaspreisdeckel ist in den Forderungen enthalten, da nur er die notwendige Planungssicherheit für den Winter und darüber hinaus geben kann. Die Kampagne kämpft außerdem für höhere Löhne, da nur diese gegen dauerhaft hohe Preise helfen. Ferner müssen die Energiekonzerne vergesellschaftet werden, um demokratische Kontrolle über die Energiesicherheit und Energiewende zu erlangen. Und damit sich niemand in der Krise die Taschen füllt, fordern wir eine wirksame Übergewinnsteuer, um die massiven Gewinne abzuschöpfen, die gegenwärtig auf Kosten der ganzen Gesellschaft eingestrichen werden.

Alle diese Forderungen liegen im Bereich des Möglichen, wenn auch unterschiedlich nahe. Wichtig ist, dass von der konkreten Direkthilfe bis hin zur langfristigen Perspektive auch Zwischenschritte eingezeichnet sind, für die es sich zu kämpfen lohnt. Bleiben wir bei der Forderung nach Einmalzahlungen stehen, würden wir letztlich einen viel zu niedrigen Anspruch an Politik bedienen. Würden wir nur die Enteignung großer Energiekonzerne verfolgen, sänke insgesamt die Umsetzungschance. Erst das Ensemble an Forderungen macht deutlich, dass wir weder einfach nur flickschustern wollen, noch an Luftschlössern bauen, sondern mit beiden Füßen auf dem Boden der Tatsachen stehen und nichtsdestotrotz weitreichende Verbesserungen für die große Mehrheit verfolgen.

Ein Schritt nach dem anderen

Damit es eine solche Politik geben kann, braucht es staatliche Handlungsfähigkeit. Dass der Staat in Wirklichkeit handlungsfähiger ist, als die Politik meist vorgibt, beweist gerade ausgerechnet die Ampelregierung, wenn auch längst nicht in ausreichendem Maße. Denn indem sie einen Schattenhaushalt nach dem anderen auf den Weg bringt und die Schuldenbremse immer wieder krisenbedingt aussetzt, zeigt sie, wie dehnbar die Spielregeln der Haushaltspolitik sind. Diese Ausweitung des Spielraums ist bereits ein Fortschritt – ihr Nutzen wird nur dadurch beschränkt, dass sie nicht von einer progressiven Regierung vorgenommen wird, sondern von einer, der man jeden sozialen Ausgleich mühsam abringen muss. Dieser Schritt, mit der Schuldenbremse zu brechen, erleichtert jedoch die Umsetzung aller nachfolgenden Maßnahmen. Eine linke Regierung würde ähnliches in viel höherer Intensität tun.

WAS WIR FORDERN:

1. **1.000 Euro Wintergeld für alle** — damit der Wocheneinkauf nicht ausfällt!
2. **9-Euro-Ticket verlängern** — damit der ÖPNV bezahlbar bleibt!
3. **Löhne endlich erhöhen** — damit die dauerhaft hohen Preise dauerhaft bezahlbar bleiben!
4. **Preise für Gas und Strom deckeln** — damit im Winter kein Preisschock droht!
5. **Energieversorgung in Bürgerhand** — damit die Energieversorgung sicher bleibt!
6. **Krisenprofiteure besteuern** — damit sich niemand an der Not bereichert!

»Lieber 1.000 Euro für Arme als 300 Euro für alle.«
—— Friedrich Merz

Wenn wir die bisherigen Entlastungspakete der Regierung kritisieren, geht es uns also nicht nur um die gerechte Verteilung der gegebenen Mittel, sondern vor allem auch um den Umfang der Hilfen. Bei einem Waldbrand reicht es auch nicht aus, nur einige Bäume zu löschen. Es müssen alle gelöscht werden, da sich der Brand sonst weiter ausbreitet. Mit diesem Bild im Hinterkopf gehen wir in der Kampagne auch gegen die einengende Logik der Gegenfinanzierung vor: Wenn Hunderte Milliarden Euro für Entlastungspakete und militärische Aufrüstung vorhanden sind, dann gibt es auch Geld für weitreichendere Entlastungen der großen Mehrheit und die Vergesellschaftung der Energieindustrie. Es ist nur eine Frage des politischen Willens.

Erst dann, wenn wir mit der Logik der Gegenfinanzierung brechen, können wir auch wirkliche materielle Verbesserungen erreichen. Nur der Staat kann kurzfristig solche hohen Krisenkosten stemmen. Nicht einmal theoretisch lassen sich die notwendigen Mittel über Steuern mobilisieren – würde man es doch versuchen, wäre das mit erheblichen ökonomischen Schäden verbunden. Zum Beispiel eine vergleichsweise starke Vermögensteuer hätte ein Jahresaufkommen von rund 50 Milliarden Euro – und das auch nur für die Länder und nicht für den Bund. Für die Krisenbewältigung werden aber jetzt schon mehrere hundert Milliarden Euro veranschlagt, was angesichts der drohenden Wirtschaftskrise nicht mal viel ist.

Dieser eine große Schritt weg von der Logik der Gegenfinanzierung ist also die Grundlage für progressive Politik und ermöglicht erst alle weiteren Schritte, wie den Energiepreisdeckel oder die Vergesellschaftung der Energieindustrie. Diese stellen fundamentale Eingriffe in die Marktmechanismen und das Privateigentum an Produktionsmitteln dar und erleichtern dadurch wiederum weitere Maßnahmen zur Demokratisierung der Wirtschaft.

Das gilt ebenso für die Verlängerung des 9-Euro-Tickets: Sie bildet einen Zwischenschritt zum kostenlosen ÖPNV und erleichtert die weitere Ausweitung der öffentlichen Daseinsvorsorge. Die Übergewinnsteuer, die die gegenwärtige Umverteilung von unten nach oben stoppt, kann der erste Schritt zur Umverteilung von oben nach unten sein. Auch die höheren Löhne, die man ja nicht einfach politisch beschließen kann, werden indirekt durch das große Volumen der Entlastungen ermöglicht. Denn solche großen Entlastungspakete sichern nicht nur die soziale Teilhabe, sondern stabilisieren auch die Nachfrage. Und nur bei einer gutlaufenden Wirtschaft haben die Arbeitenden die Verhandlungsmacht, wieder mehr vom Kuchen zu verlangen.

Mit dabei auf der ersten Rally von Genug ist Genug in Berlin: Michael Erdmann von der Berliner Stadtreinigung.

Das eine Prozent

Im Zuge der Energiekrise bedeutet eine Politik für die 99 Prozent: Alle, die unter den steigenden Preisen leiden, werden mit der Gießkanne entlastet. Die Alternative wäre, willkürliche Grenzen zu ziehen, an denen die Hilfeleistung aufhört. Es kommt dann unweigerlich die Frage auf: Sollte man nur noch Menschen in Armut entlasten, Armutsgefährdete, die untere Hälfte – oder eine vollkommen verrückte Grenze mit sechs Nachkommastellen ziehen? Und was passiert, wenn man nur einen Euro

Cansin Köktürk spricht vor den 300 Menschen in Berlin-Neukölln über ihre Erfahrungen als Sozialarbeiterin.

über dem Grenzbetrag verdient – geht man dann einfach leer aus? Das bildet auch nicht gerade Klassenbewusstsein, denn auf diese Weise wird die arbeitende Klasse gespalten, anstatt sie trennscharf der Klasse der Besitzenden gegenüberzustellen.

Der Klassengegensatz verläuft nämlich nicht bei ein paar Prozenten am oberen Ende mehr oder weniger, sondern innerhalb des reichsten Prozents der Gesellschaft. Zu dieser Gruppe gehört man schon mit rund 2 Millionen Euro Vermögen, wenn man keine Schulden hat. Am unteren Ende des obersten Prozents besteht noch rund die Hälfte des Vermögens aus überwiegend selbstgenutzten Immobilien. Erst später drehen sich die Verhältnisse: Der Anteil des Immobilienvermögens nimmt rapide ab und der des Unternehmensvermögens rasant zu. Gleichzeitig steigt das Vermögensvolumen drastisch an. So besitzen die obersten 0,1 Prozent so viel wie die 0,9 Prozent unter ihnen.

Wenn man über die Superreichen spricht, die sich über Gewinn, Zins und Miete den Mehrwert der Vielen aneignen und entsprechend überproportionale gesellschaftliche Macht ausüben, dann meint man also einen kleinen Teil des obersten Prozents. Alle anderen gehören mehr oder weniger zur Klasse der Lohnabhängigen. Selbst diejenigen im obersten Prozent mit Spitzeneinkommen ab rund 280.000 Euro haben zwar auf Management-Ebene ein wenig Macht, aber nichts, das mit der Macht der Superreichen über Zehntausende Beschäftigte oder Milliardenschwere Investitionen vergleichbar wäre. Daher ist der Blick auf das Vermögen so entscheidend.

Entsprechend setzen die hierzulande gängigen Modelle für eine Vermögensteuer effektiv immer erst irgendwo innerhalb des reichsten Prozents an. Die Vermögensteuer, die Bernie Sanders in den USA vorschlägt, würde sogar nur die obersten 0,1 Prozent treffen – Menschen mit Nettovermögen oberhalb von 32 Millionen Dollar. Zum Vergleich: In Deutschland gehört man ab einem Vermögen von rund 10 Millionen Euro zu den obersten 0,1 Prozent.

Eine Linke, die sich den 99 Prozent als Zielgruppe verschreibt, macht also unmissverständlich klar, dass es ihr um die große Mehrheit der Bevölkerung geht. Sozialistische Politik ist eine Politik für alle von Arbeitslosen über prekär Beschäftigte und die Angestellten im öffentlichen Dienst bis hin zur oberen Mittelschicht aus Ingenieurinnen und Architekten.

Einfacher ist besser

Dieser Ansatz ist nicht nur ökonomisch und politisch sinnvoll, sondern ermöglicht auch praktikablere Maßnahmen. Denn so blöd es klingt: Die Maßnahmen müssen tatsächlich umgesetzt werden können, anderenfalls verspielt progressive Politik das Vertrauen der Menschen – möglicherweise auf Jahrzehnte. Direktzahlungen bis zu einer willkürlichen Grenze sind zum Beispiel derzeit gar nicht möglich, da keine Behörde über die Kontodaten aller Menschen verfügt – geschweige denn über ihre Sozialmerkmale bescheidweiß.

Trotzdem sind soziale Ausgleichsmechanismen möglich, etwa in Form von 1.000 Euro Wintergeld für alle, die über gängige Wege wie die Lohnsteuer oder die Sozialkassen ausbezahlt werden. Und selbst mit der Gießkanne kann man ein bisschen zielen: In Anlehnung an die Energiepreispauschale sollte das Wintergeld versteuert werden, um darüber einen erprobten und unbürokratischen Weg des sozialen Ausgleichs zu nutzen, anstatt mit einer Grenze einen komplett neuen zu schaffen.

Auf diese Weise würden zwar auch alle Superreichen das Wintergeld erhalten, das sie streng genommen nicht nötig haben – das fällt verteilungspolitisch nicht ins Gewicht: Für den Dax-Manager mit über 20 Millionen Euro Einkommen oder die Superreichen mit dutzenden Milliarden Euro Vermögen sind das Peanuts. Vor allem sind diese paar Hundert Euro egal, wenn die Superreichen im Gegenzug Zehntausende Euro durch eine Vermögensabgabe zahlen. In der Krise bei den Entlastungen zu sparen, ergibt also überhaupt keinen Sinn.

Je einfacher man den Mechanismus gestaltet, desto effektiver entkräftet man auch die wirtschaftsliberalen Argumente, nach denen Entlastungen technisch kaum umsetzbar wären. Nichts steht progressiver Politik derzeit mehr im Wege als die Diskurshoheit der Wirtschaftsliberalen. Aber es führt kein Weg daran vorbei: Die 99 Prozent können Linke nur erreichen, indem sie in den Debatten des Mainstreams den Ton angeben.

Lukas Scholle ist Ökonom, Kolumnist bei JACOBIN und Mitinitiator der Kampagne Genug ist Genug.

Hyperpolitik

Alles ist politisch, nichts ändert sich: Wir leben im Zeitalter der Hyperpolitik. Im neuen JACOBIN-Podcast analysieren **Nils Schniederjann** und **Ines Schwerdtner** alle zwei Wochen die politischen Debatten unserer Zeit.

Jetzt auf YouTube abonnieren und in Deiner Lieblings-App als Podcast anhören:

www.hyperpolitik.de

Listen on Apple Podcasts · LISTEN ON Spotify · YouTube · Listen on Pocket Casts

Volle Ungleic

Superyachten sind kein obszöner Exzess eines gesunden Systems, schreibt Gregory Salle in seinem Buch über die Luxusschiffe. Superyachten als Exzess sind das Symbol eines obszönen Systems.

Infografik von **Markus Stumpf**, Recherche von **Fabian Vugrin**

Grégory Salle ist Soziologe und Politikwissenschaftler. Er ist Research Fellow am Centre national de la recherche scientifique. Sein Essay *Superyachten. Luxus und Stille im Kapitalozän* erschien im November bei Suhrkamp.

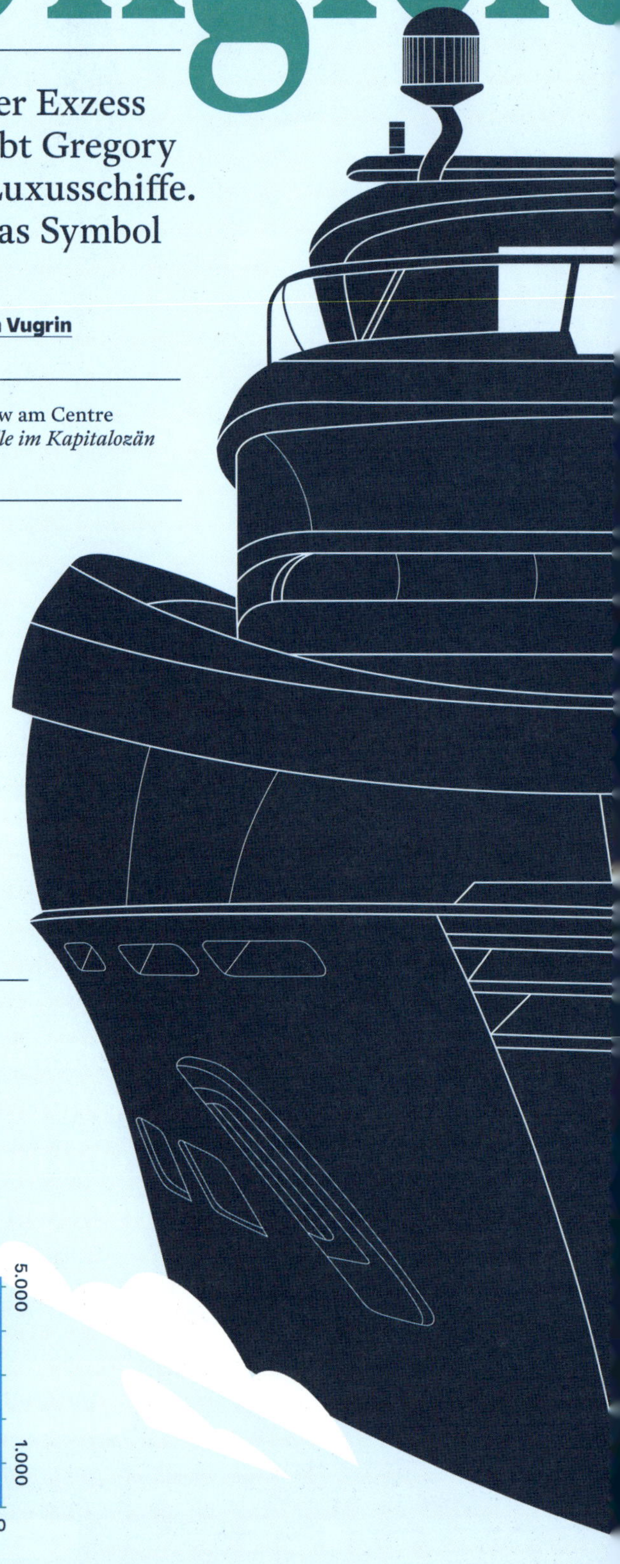

CO^2-Schiffsabdruck

Eine durchschnittliche Superyacht emittiert im Jahr 7.020 Tonnen CO^2. Zum Vergleich: Der weltweite Pro-Kopf-Ausstoß beträgt im Schnitt rund 5 Tonnen. Zusammengenommen emittieren allein die 300 größten Superyachten pro Jahr mehr CO^2 als die über 10 Millionen Einwohnerinnen und Einwohner von Burundi.

CO^2-Emissionen pro Jahr

Die Zahl der Superyachten steigt, unser Reallohn nicht.

Seit den 1990er Jahren hat sich die Zahl der Superyachten weltweit vervierfacht. Während der Großteil der Menschen auf der Strecke blieb, ist die Anzahl der Luxusschiffe sogar noch rasanter gestiegen als die der Milliardäre.

Anzahl von Yachten weltweit, die über 30 Meter lang sind

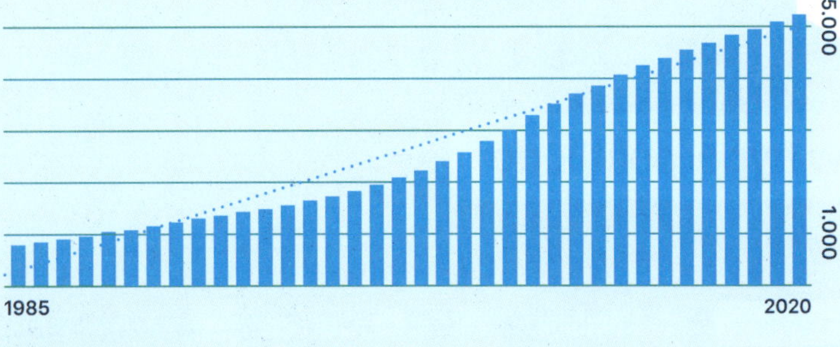

hheit voraus!

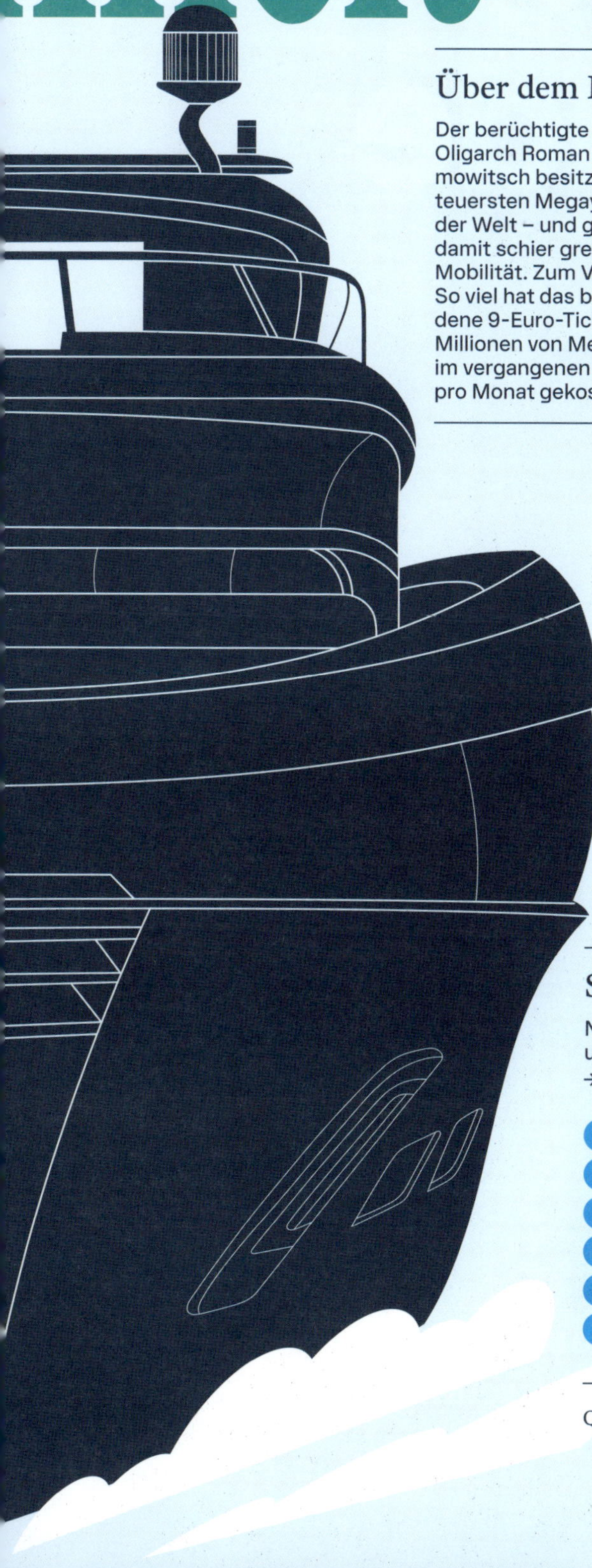

Über dem Meer

Der berüchtigte russische Oligarch Roman Abramowitsch besitzt zwei der teuersten Megayachten der Welt – und genießt damit schier grenzenlose Mobilität. Zum Vergleich: So viel hat das bescheidene 9-Euro-Ticket für Millionen von Menschen im vergangenen Sommer pro Monat gekostet.

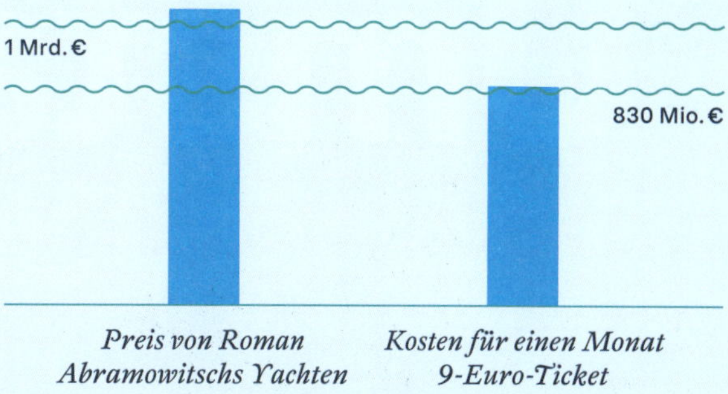

1.300 m² Korallenriff

… wurden im Jahr 2016 bei einem misslungenen Ankermanöver der Superyacht des Microsoft-Mitgründers Paul Allen vor der Küste der damaligen Steueroase der Kaimaninseln zerstört. Das war nicht das einzige Mal, dass ein Luxusschiff mit seinen Ankerketten sensible Meeresflora zerstörte: Im Jahr 2020 verwüstete die Superyacht eines Hedgefonds-Managers ein Atoll vor Belize, das zum UNESCO-Weltnaturerbe gehört.

Weiße Rosen aus Miami

… verlangte eine Frau einmal, um die Superyacht ihres Ehemanns zu schmücken. Da sich die Yacht mitten auf dem Karibischen Meer befand, mussten die 1.000 Rosen mit dem Hubschrauber eingeflogen werden. Am nächsten Tag wollte sie die Blumen dann plötzlich doch nicht. Da man sie aber nicht einfach ins Meer werfen konnte, blieb nur ein Ort, um sie aufzubewahren: die engen Quartiere der Besatzung.

Sag mir Deinen Yachtnamen und ich sage Dir …

Noch schamloser als Superyachten sind die Namen, die ihre Besitzerinnen und Besitzer ihnen geben. Welche sechs Luxusschiffe heißen wirklich so?
→ *Auflösung auf Seite 112.*

- SS DELPHINE
- MARINE CAPITAL
- MAN OF STEEL
- MY LADY AYN
- EGO
- JACKPOT
- I LOVE MY YACHT
- LOVE FOREVER 2
- LUCKY ME
- MARRY ME
- FREEDOM FIGHTER
- COMFORTABLY NUMB

Quellen:
– Grégory Salle: *Superyachten. Luxus und Stille im Kapitalozän*
– *The Guardian*, Bundesregierung
– *SuperYacht Times*

Kinder ihrer Umstände

Text von **Ralf Hoffrogge**

Deutsche Gewerkschaften sind zahm und streikfaul, britische dagegen konfliktfreudig, so das Klischee. Die Realität sieht anders aus.

Die vergangenen Monate scheinen die Klischees über britische und deutsche Gewerkschaften zu bestätigen. Schließlich haben die Eisenbahner- und die Postgewerkschaft in Großbritannien mehrere Monate gestreikt und protestiert, während in Deutschland die Lohnforderungen an der Inflationsgrenze kratzen und Sozialproteste nur mühsam anlaufen. Doch ist damit alles gesagt? Ein Blick in die Geschichte lässt zweifeln, denn auch die britischen Gewerkschaften suchten in der Vergangenheit die Sozialpartnerschaft – wurden aber brüsk zurückgewiesen. Und auch in Deutschland gehören wilde Streiks und Betriebsbesetzungen zur Geschichte und Gegenwart der Arbeiterbewegung. Beide Bewegungen haben vieles gemeinsam – und für beide ist die Zukunft offen.

Klassenkampf im Weltkrieg

Während des Ersten Weltkriegs verliefen die Arbeiterbewegungen in Großbritannien und Deutschland in sehr ähnlichen Bahnen. In beiden Ländern erklärten Gewerkschaftsführungen 1914 einen Streikverzicht, auf beiden Seiten der Front wurde dieser einige Jahre später durch Betriebsvertrauensleute aufgekündigt. Ab 1917 kam es zu wilden Streiks und zur Bildung einer gewerkschaftlichen Gegenführung – in Deutschland waren das die Revolutionären Obleute, in Großbritannien die Shop Stewards.

Die Obleute protestierten gegen das sogenannte Vaterländische Hilfsdienstgesetz von 1916, das den Gewerkschaften Anerkennung in Form von Arbeiterausschüssen sicherte, ihnen aber im Gegenzug das Streikrecht nahm. Dieser frühe sozialpartnerschaftliche Deal brach mit einem Knall auseinander: Steigende Mieten, Hunger und die Kriegsniederlage führten im November 1918 zur Revolution in Deutschland. Auch in Großbritannien mussten sich die Dinge grundlegend ändern: Das Wahlrecht wurde ausgeweitet, Premierminister David Lloyd George versprach den siegreichen Veteranen aus der Arbeiterklasse ein »Home for Heroes«. Doch daraus wurde nichts.

In beiden Ländern nutzten die Herrschenden bald darauf ökonomische Krisen, um die neugewonnene Schlagkraft der Arbeitenden wieder zunichte zu machen. In Deutschland bestimmte die Inflation von 1919–23 das Geschehen, in Großbritannien die Massenarbeitslosigkeit. Beides erhöhte zwar die Wut auf den Kapitalismus, zerstörte aber zugleich jede Streikmacht.

Die Gewerkschaften begingen den fatalen Fehler, die Entpolitisierung der Krise mitzutragen, indem sie nur wirtschaftliche Streiks unterstützten. Die Herrschenden konnten zufrieden sein: Sparpolitik und Währungsstabilisierung regierten schon 1920 in Großbritannien und wurden auch im Deutschland des Jahres 1924 als »Lösung« für die Inflationskrise gehandelt. Doch Sozialpartnerschaft entstand aus diesen Niederlagen nicht. Die in der Weimarer Verfassung von 1919 vorgesehenen korporatistischen Wirtschaftsräte traten nie zusammen – es blieben einzig die Betriebsräte. Tarifverträge dagegen gab es in beiden Ländern. In Großbritannien wurden sie gnadenlos zu Lohnsenkungen benutzt, in Deutschland wollten die Unternehmen sie ganz loswerden. Nur staatlicher Zwang hielt die Tarife 1924 und in der Weltwirtschaftskrise ab 1930 aufrecht.

Partnersuche nach '45

Eine stabile Sozialpartnerschaft bildete sich erst nach 1945 und nur in Deutschland heraus. Erstmals erkannte eine Mehrheit der Unternehmen die Gewerkschaften an. Bis dahin hatten sie in der Regel das Ziel verfolgt, Tarife und Gewerkschaften insgesamt abzuschaffen – ein Wunsch, den ihnen die NS-Herrschaft 1933 erfüllte.

Der neue Korporatismus nach dem Zweiten Weltkrieg war in den Unternehmen zu Hause: Es gab Betriebsräte und gewerkschaftliche Mitbestimmung in den Aufsichtsräten, aber keine regionalen Wirtschaftsräte und keine nationale Wirtschaftsplanung. Formate wie die Konzertierte Aktion von 1967–77 blieben unverbindliche Gesprächsrunden zwischen Arbeit, Kapital und Staat. Sie waren wichtig in großen Krisen, doch auch sie konnten hohe Lohnforderungen der Gewerkschaften nicht unterbinden. Die wilden Streiks 1969 und 1973 sorgten dafür, dass die Gewerkschaften mit

> **Die Gewerkschaften begingen den fatalen Fehler, die Entpolitisierung der Krise mitzutragen, indem sie nur wirtschaftliche Streiks unterstützten.**

ihren Forderungen stets oberhalb der Inflationsrate blieben. In Zeiten von Boom und Arbeitskräftemangel konnten sie dies auch durchsetzen; erst die Rückkehr der Massenarbeitslosigkeit 1975 brach diese Kampfkraft. Für die Kämpfe der Arbeitenden war von da an ein Durchwursteln in Betriebs- und Aufsichtsräten prägend, bei dem der Erhalt von Arbeitsplätzen im Vordergrund stand.

In Großbritannien blieben offene Konflikte dagegen nicht die Ausnahme, sondern die Regel – es fehlte die typisch deutsche Arena der Betriebs- und Aufsichtsräte, in der Streits beigelegt werden konnten. Im Nachkriegsboom erreichten britische Beschäftigte durch ihre Streiks eine »Lohndrift« nach oben; in der Krise der 1970er gab es eine regelrechte Welle der Militanz mit zahlreichen Betriebsbesetzungen. Der britische Staat versuchte mehrfach – mit dem Argument deutscher Konkurrenz auf dem Weltmarkt – die Arbeitsbeziehungen zu regulieren. Die Gewerkschaften waren in den 1960ern nicht abgeneigt. Doch ihnen wurde nie ein Angebot gemacht, das der deutschen Mitbestimmung gleichgekommen wäre. Diese blieb ein Kind der Revolution und war ohne Aufstand nicht zu haben. Sowohl britische Konservative als auch die Labour Party versuchten stattdessen, Gewerkschaften einseitig auf Regulation und keynesianische Lohnleitlinien zu verpflichten, was bei ihnen auf Widerstand traf.

Die wilden 70er

Der sogenannte Winter of Discontent 1978/79 offenbart ein Paradox der britischen Arbeiterbewegung: Sie besaß zu dieser Zeit eine in Deutschland nie gesehene Blockademacht, die sich jedoch politisch zu ihren Ungunsten auswirkte. Die damalige Streikwelle war ein Aufstand der Gewerkschaftsbasis gegen ihre Führungen und die Labour-Regierung, die trotz einer Inflation von 17 Prozent im Jahr 1977 am sozialpartnerschaftlichen Social Contract mitsamt Lohnzurückhaltung festhielten. Die Beschäftigten erzwangen auf eigene Faust einen Kurswechel: Streiks legten etwa den Autohersteller Ford für zwei Monate lahm und brachten eine Lohnerhöhung von 16 Prozent. Doch den Streikenden gelang es nicht, die öffentliche Meinung auf ihre Seite zu ziehen. Die Presse machte die »übermächtigen« Gewerkschaften für alle Unterbrechungen des Alltagslebens verantwortlich und zeichnete das Bild von einem unregierbaren Land, in dem sich der Müll auf den Straßen türmte und die Toten unbeerdigt liegen blieben.

Der Labour-Premierminister James Callaghan musste schließlich zurücktreten, doch die Wahl am 3. Mai 1979 brachte Margaret Thatcher an die Macht – und damit eine jahrzehntelange Eiszeit für die Gewerkschaften. Diesen fehlte in den 1970ern eine zusammenhängende Strategie. Zwar wurden Konzepte für ein planwirtschaftlich-demokratisches Großbritannien diskutiert, doch diese waren kaum mit den Arbeitskämpfen verbunden – im Gegenteil: Die Lohnkämpfe richteten sich größtenteils gegen die Wirtschaftsplanung des Keynsianismus.

In Deutschland konnten Gewerkschaften und Unternehmensführungen ihre Konflikte meist institutionalisiert beilegen. Wo dies nicht gelang, traten zwei Formen von Arbeitermilitanz auf: Lohnkämpfe im Boom, Abwehrkämpfe in der Rezession. Die »wilden Streiks im Wirtschaftswunder«, so der Historiker Peter Birke, waren vor allem ein lokales Aufbegehren gegen einen zu kleinen Anteil am Kuchen, teils getragen von migrantischen Arbeiterinnen und Arbeitern wie bei den Kölner Fordwerken im Jahr 1973. Sie führten oft zu betrieblichen »Nachschlägen« und inspirierten etwa die IG Metall zu Versuchen einer »betriebsnahen« Tarifpolitik, bei der die Belegschaften mehr mitreden konnten. Diese war allerdings bei den Gewerkschaftsvorständen nicht wirklich beliebt. Einerseits hinterfragte sie deren Autorität, andererseits gab es Nachschläge nur in gut laufenden Betrieben, während andere abgehängt wurden. Die zentralisierten Tarife in Deutschland hatten somit eine Schutzfunktion und zahlten sich aus – in Großbritannien waren derartige Flächentarife dagegen die Ausnahme.

Nach 1975 bedeutete Arbeitermilitanz in beiden Ländern fast immer einen Kampf mit dem Rücken zur Wand. Mit Betriebsbesetzungen in den deutschen Werften 1983 wehrten sich die Beschäftigten gegen Schließungen und das drohende

Ende der Industrie – mit begrenzter Wirkung. In größerem Maßstab war auch der Massenstreik der Kohlekumpel in Großbritannien 1984 ein solcher Abwehrkampf. Er trat zwar offensiv gegen Thatcher an, verloren wurde er jedoch auch deshalb, weil mit dem Nordseeöl bereits der nächste Energieträger bereitstand. Die inspirierende Militanz solcher Abwehrkämpfe darf nicht darüber hinwegtäuschen, dass sie oft in bitteren Niederlagen endeten – ersetzbare Arbeitskräfte hatten und haben wenig Streikmacht.

Der Dritte Weg ins Verderben

Die Zählebigkeit des deutschen Korporatismus ergibt sich aus dieser Erfahrung. Die Abwicklung des Bergbaus wurde in der Bundesrepublik schon seit 1962 durch Sozialpläne begleitet. Zuständig war der Betriebsrat; es gab keine Entlassungen, kaum Neueinstellungen, stattdessen ein langsames Schrumpfen der Belegschaft durch Umschulungen, Frührente und Abfindungen. Dieses Schema wurde in andere Industrien übernommen und funktionierte, solange die Wirtschaft insgesamt wuchs und anderswo neue Arbeitsplätze entstanden. Bis heute folgen deutsche Industriegewerkschaften dem Anspruch, die kapitalistische Transformation zu begleiten und dabei für die Beschäftigten das Beste herauszuholen. Auch wer dies kritisch sieht, muss zugeben, dass es ziemlich lange funktioniert hat.

Anders als in Großbritannien, wo die Regierungen nach 1980 mit Subventionen geizten und den Strukturwandel dem Markt überließen, konnte Deindustrialisierung in Deutschland verhindert oder zumindest abgefedert werden. Erst nach 1990 erfolgte ein Bruch: Im Kampf gegen die Deindustrialisierung Ostdeutschlands kam es nicht zu jenen Klassenkompromissen, mit denen mehrfach die westdeutsche Stahlindustrie gerettet wurde. 1993 und 2003 scheiterten zwei Streiks der IG Metall für gleiche Löhne im Osten – die mächtigste Gewerkschaft des Landes war gezwungen, betriebliche »Öffnungsklauseln« hinzunehmen. Diese wurden später im Pforzheimer Abkommen von 2004 auf Westdeutschland ausgedehnt. Dass die Kämpfe im Osten verloren gingen, verschlechterte also auch die Lage der Arbeitenden in Westdeutschland. In der vereinten Republik verfestigte sich eine »defensive Sozialpartnerschaft«, bei der Reallohnverluste in Kauf genommen wurden, um Arbeitsplätze zu retten.

Zugleich gab es unter der rot-grünen Bundesregierung Spitzenrunden, wie 1998 das Bündnis für Arbeit, die die politische Macht vom Betrieb in politische Institutionen verlagerten und sie damit von den Arbeitenden entfernten. Der sogenannte Dritte Weg, bei dem sozialdemokratische Regierungen und Gewerkschaften ein Bündnis für den Wirtschaftsstandort eingingen, war begleitet von einer

DAG
Dieser Betrieb wird
bestreikt
DAG
Dieser Betrieb
bestreikt
DAG

Die verlorenen Kämpfe
im Osten verschlechterten
auch die Bedingungen
in Westdeutschland.

Passivierung der gewerkschaftlichen Kämpfe und führte in Deutschland zur Agenda 2010. Deren Arbeitsmarktreformen wurden anfangs gewerkschaftlich begleitet. Doch als das volle Ausmaß des Sozialabbaus sichtbar wurde, stiegen die Gewerkschaften 2004 in die Sozialproteste ein – ohne Erfolg: Schon 2005 trat Hartz IV in Kraft. Das nationale Bündnis für Arbeit war also kurz und brüchig, doch die defensive Sozialpartnerschaft in den Betrieben wirkt bis heute fort.

Die britischen Gewerkschaften hätten in der Rezession der 1980er gern ihre eigene Sozialpartnerschaft gehabt. Unter dem Druck restriktiver Gewerkschaftsgesetze, deren Boykott gescheitert war, schlugen ab 1985 sowohl die Metallgewerkschaft AEU als auch die Elektrizitätsgewerkschaft EETPU einen wirtschaftsfriedlichen Kurs ein. Ziel waren Betriebsvereinbarungen, die jeweils einer Gewerkschaft im Betrieb Mitbestimmung garantierten, wofür diese auf Streiks verzichtete. Doch die Mitbestimmung in diesen Single Union Deals verkam bald zu Infoveranstaltungen des Managements. Ferner prägte diese Episode den Aufstieg Tony Blairs und die Neoliberalisierung der Labour Party. Die AEU und die EETPU hofften, Blair würde betriebliche Mitbestimmung per Gesetz sichern – wozu er jedoch nach seinem Wahlsieg 1997 keinerlei Anstalten machte.

Die britischen Gewerkschaften besannen sich Mitte der 2000er Jahre wieder auf einen kämpferischen Kurs. Ein solcher kann die Entwicklung von Klassenbewusstsein befördern, sollte aber nicht romantisiert werden. Schließlich wurde diese Konfliktkultur den britischen Beschäftigten aufgezwungen, weil weder Staat noch Unternehmen Interesse an einer Partnerschaft hatten. Wie Gerhard Schröders Agenda endete auch Tony Blairs Variante einer neuen Sozialdemokratie mit ihrem Dritten Weg zwischen Rechts und Links in einer Sackgasse. Die Wirtschaft boomte, aber die Arbeitenden mussten mit einem demontierten Sozialstaat und ungekannter Existenzangst leben.

Erneuert aus der Krise

Krisen führen also nicht automatisch zu Protest und Erfolgen für die Linke. Trotz linker Politisierung konnten Unternehmen und Regierungen sowohl die Nachkriegskrise ab 1920 als auch das Ende des globalen Wirtschaftsbooms ab 1973 nutzen, um gewerkschaftliche Errungenschaften zunichte zu machen. Doch es gab auch heftige Abwehrkämpfe; die Situation war durchaus offen.

In Deutschland ergaben sich Abwehrkämpfe und Militanz etwa, wenn Sozialpläne scheiterten, wie 1980 bei Hösch in Dortmund, als der

Dieser Betrieb wird bestreikt!

Die britischen Gewerkschaften hätten in der Rezession der 1980er gern ihre eigene Sozialpartnerschaft gehabt.

zugesicherte Bau eines Stahlwerks unterblieb. Zwei Jahre später entstand daraus eine Massenbewegung zur Vergesellschaftung der gesamten Stahlindustrie, was 1983 die offizielle Forderung der IG Metall wurde. Diese Bewegung war kein Werksprotest, sondern eine bis 1987 überregional aktive Kampagne, getragen von Vertrauensleuten in den Betrieben. Zwar scheiterte sie mit ihrem eigentlichen Ziel der Vergesellschaftung, doch sie belebte die Streikkultur der Metallgewerkschaft, führte zu mehr Basisbeteiligung und trug dazu bei, dass im großen Arbeitskampf 1984 hart und letztlich erfolgreich um die 35-Stunden-Woche verhandelt wurde.

Diese Episode ist von besonderem Interesse, weil sie zeigt, wie eine sozialistische Forderung in einen »regulären« Arbeitskampf eingebunden werden und dennoch die Kampfkraft der Arbeitenden stärken kann. Vergesellschaftung wurde erstmals 1980 von kommunistischen Betriebsräten und radikalen Linken diskutiert. Sie wurde in der IG Metall mehrheitsfähig, weil sie ohne Verbalradikalismus als konkrete Problemlösung formuliert war. Wichtig war dabei das Stahlmemorandum der Gruppe Alternative Wirtschaftspolitik, das Vergesellschaftung 1981 juristisch und ökonomisch fassbar machte. Von da an wurde sie in sozialpartnerschaftlichen Gremien wie den Betriebsräten der Stahlindustrie ernst genommen. Vor allem jedoch war Vergesellschaftung Interessenpolitik – eine Alternative zum Arbeitsplatzverlust. Die Kunst bestand darin, nicht um den vergangenen Status quo zu kämpfen, sondern für eine positive Krisenlösung. Dass die Vergesellschaftung letztlich scheiterte, lag daran, dass der Kampagne ein echtes Druckmittel fehlte. Es gab keinen Volksentscheid auf Bundesebene, im Parlament fehlten Mehrheiten und als Streikforderung setzte sich die 35-Stunden-Woche durch.

Dass 1984 für Arbeitszeitverkürzung und nicht für Vergesellschaftung gestreikt wurde, lag auch in historischen Erfahrungen begründet. 1958 wurde die IG Metall für einen Streik während eines geltenden Tarifvertrages zu 100 Millionen D-Mark Schadensersatz verurteilt – die »Friedenspflicht« war erfunden und diszipliniert bis heute. Wer sich mit der Forderung nach Klima- oder Frauenstreik an Gewerkschaften richtet oder zum Mietstreik aufruft, sollte derartige Risiken im Hinterkopf behalten.

Die Geschichte der Arbeiterbewegung ist voll von spontanen Aufständen. Doch meist gingen Menschen nur dann Risiken ein, wenn sie nichts mehr zu verlieren hatten: Erst als sie ohnehin nicht mehr zahlen konnten, starteten Arbeiterfamilien in Berlin 1932 einen Mietstreik. Die Bremer Werften wurden 1983 erst dann besetzt, als die Betriebe schon fast pleite waren. Der deutsche Betriebskorporatismus wurde immer wieder durch wilde Streiks infrage gestellt, etwa mit den Septemberstreiks 1969, dem Fordstreik 1973, den Betriebsbesetzungen in Ostdeutschland Anfang der 1990er Jahre – die Liste ließe sich fortsetzen. Doch die spontanen Aufstände in Krisen haben keine langfristige Wirkung, wenn sie nicht mit transformativen Forderungen und realpolitischer Hebelwirkung verbunden werden.

Wer festgefügte Klassenkompromisse auflösen und durch eine sozialistische Alternative ersetzen will, braucht also nicht nur guten Willen, sondern auch einen plausiblen Gegenentwurf zum Bestehenden. Ebenso braucht es Protestformen, die Menschen nicht zwingen, gegen ihre Ängste zu handeln. Denn viele Verkrustungen, die man an der britischen und deutschen Gewerkschaftsbewegung beklagen mag, entstammen einem berechtigten Bedürfnis nach Stabilität und Kontrolle über das eigene Leben. Die Überzeugungskraft sozialistischer Kräfte in der Arbeiterbewegung speist sich wiederum aus der Erkenntnis, dass der Kapitalismus den Arbeitenden solche Sicherheit nicht geben wird. ❼

Ralf Hoffrogge ist Historiker und forscht zu Arbeitskämpfen und Krisenpolitik in Deutschland und Großbritannien. Zu diesem Thema sind zuletzt von ihm erschienen: »Sozialpartnerschaft mit kurzer Tradition. Korporatismus, Voluntarismus und die ›Varianten des Kapitalismus‹« in *Sozial.Geschichte Online* und »Vom Realismus zur Partnerschaft: britische Gewerkschaften und die Entstehung von Tony Blairs New Labour« in der *Zeitschrift für Geschichtswissenschaft*.

BONUS MATERIAL BONUS

DOKU

2007

Der Penny-Markt auf der Reeperbahn

Spiegel TV

Ein Klassiker in der Kategorie Reportagen auf Youtube, der mittlerweile aber in Verruf geraten ist: Zu viele Linke, so die Kritik, würden sich über die in der Reportage gezeigte Armut im Penny-Markt auf St. Pauli lustig machen. Andersherum wird ein Schuh draus: Die bizarre Komik des Supermarktalltags an einem Sonntagmorgen zeigt die Derangierten, die Kassiererin, die Abhängigen und den Familienvater in derselben Not – sonntags irgendwo günstig einkaufen gehen zu müssen. Die erschütternde Armut in dem hippen Szeneviertel mit einem derart dramatischen Witz zu kombinieren, ist vermutlich die größte Leistung dieses Stücks Doku-Geschichte.

INTERVIEW

2008

Helge Schneider als arbeitsloser Marx-Kenner

Alexander Kluge

Dass sich die Marx-Lektüre nicht nur für Arbeiterinnen und Arbeiter, sondern auch für Leute ohne Arbeit lohnt, zeigt Helge Schneider in diesem Interview. In wechselnden Rollen interviewte Alexander Kluge ihn für die nächtlichen Ränder des Privatfernsehens. In diesem Fall als »Atze Mückert, Hartz IV«, der seine neu gewonnene Freizeit für die Weiterbildung nutzt und im Abendkurs der Volksschule die Werke von Karl Marx studiert. Für ihn ist der Theoretiker ein Genie – habe doch er den Waren erst ihren Wert gegeben. Auch wenn seine Interpretation zu wünschen übrig lässt, bleibt eine Erkenntnis über unsere Gesellschaft hängen: »Wenn der Arbeiter keine Arbeit hat, hat er auch Wert, aber: Null!«

FILM

2020

Lapsis

Noah Hutton

Dieser Indie-Science-Fiction-Film spielt in einer nahen Zukunft, in der die Welt von einer mysteriösen Krankheit heimgesucht wird, die bei den Menschen chronische Erschöpfung verursacht – und von der Gig-Economy. Um sich die Behandlung seines jüngeren Bruders leisten zu können, nimmt der Protagonist Ray eine Arbeit als Kabelverleger für Quantencomputer an – ein anstrengender Job, bei dem er mit anderen Arbeitern und Robotern um die Bezahlung konkurrieren muss. Dennoch hält er dies für ein faires System – bis er eine andere Angestellte kennenlernt: Anna, eine Gewerkschafterin, die ihm die Augen öffnet.

MATERIAL BONUS MATERIAL

MUSIK

2022

Rolex für alle

Disarstar

Das sechste Studioalbum des Hamburger Rappers. Sein Markenzeichen: der Spagat zwischen zeitgemäßem Straßenrap und Klassenpolitik. Woran nahezu alle scheitern, gelingt ihm mit bemerkenswerter Lässigkeit. Kulturkritiker Wolfgang M. Schmitt sagte im Talk mit Disarstar anlässlich des Erscheinens, es gehe hier nicht darum, das große soziologische Standardwerk zu verfassen, sondern darum, Geschichten nachspüren zu können. Wer danach sucht, findet hier eine Kapitalismuskritik, die erfrischend anschaulich ist. Und alle anderen bekommen ein wuchtiges Rapalbum, das aus dem offenen Autofenster besser klingt als auf dem Lautsprecherwagen. Ganz so, wie es sein sollte.

DOKU

2022

Liebe, D-Mark und Tod

Cem Kaya

Millionen Gastarbeiter haben in Deutschland nicht nur geschuftet, sie haben den Malocher-Alltag, die wilden Streiks, den Trennungsschmerz und ihre Enttäuschung über das Wirtschaftswunderland auch besungen: »Deutschland, alles an dir ist eine Lüge«. Dieser berührende und sehr stylische Dokumentarfilm erzählt in einer dichten Collage aus Interviews und Archivaufnahmen vom Sound der Gastarbeiter, der zum Verkaufsschlager wurde – nur dass die Mehrheitsgesellschaft davon nichts mitbekam. Denn die Stars der Szene wurden vom deutschen Radio ignoriert. Ein schillerndes Stück Popgeschichte, das beweist: »Parallelgesellschaften« entstehen nicht freiwillig, sie entstehen durch Ausgrenzung.

FILM

2022

Triangle of Sadness

Ruben Östlund

Wo sonst sollte ein US-amerikanischer Kommunist auf einen ehemaligen Kombinatschef aus der Sowjetunion treffen, der nach deren Zusammenbruch durch den Verkauf von »shit« steinreich geworden ist, als auf einer Superyacht? Während die beiden sich nach dem Captain's Dinner besoffen mit Lenin- und Thatcher-Zitaten bewerfen, droht das Schiff mitsamt seinen Waffenproduzenten, Influencerinnen und sonstigen Superreichen unterzugehen. Ein großartiger, bizarrer Film mit Hunderten kleinen und großen Anspielungen, einer wahnsinnigen Situationskomik und der Einsicht, dass die moralische Decke der Reichen – aber auch der Arbeitenden unter Deck – im Zweifel ziemlich dünn ist.

Wer hat den Intellekt versteckt?

The fight to win and
Change the mind of Man
Against the corruption of centuries
Of feudal-bourgeois, capitalist ideas
The fusion of courage and clarity
Of polemic against misleaders

Claudia Jones,
amerikanisch-britische Kommunistin
afro-karibischer Herkunft

Wissen und Können in der gegenwärtigen Klassengesellschaft

Text von **Dietmar Dath**
Illustration von **Andy King**

Künstliches Blut und natürliche Bäume

Menschen finden viel heraus und können deshalb einiges. Ihre Köpfe sind fähig zur Kritik am Vorhandenen. Wenn sie entdecken, dass das Leben Wasser braucht, beten sie dieses Wasser nicht einfach an, sondern erkennen auch seine Mängel: Es ist unter anderem schlecht geeignet, Gase zu speichern. So erschaffen Menschen neues, »poröses« Wasser mittels maßgeschneiderter löchriger Nanokristalle. Die neuen Poren im Wasser können dann Sauerstoff und Kohlendioxid in Mengen aufnehmen, bei denen gewöhnliches Wasser versagen müsste. Das ist potenziell nützlich für die Energiewirtschaft oder für die Medizin, möglicherweise wird aus Wasser damit sogar ein Ersatzstoff für Blut.

Menschen können auch in Ordnung bringen, was sie in ihrer Umwelt angerichtet haben. Eine Zypressenart namens *Widdringtonia whytei*, die in der Gegend um den Mulanje-Berg in Malawi wächst, war 2019 schon fast ausgestorben. Es standen noch sieben Stück frei herum, aber menschliches botanisches Geschick hat sie kräftig bei der Reproduktion unterstützt, und Ende September 2022 gibt's schon wieder eine halbe Million davon.

Reproduktion (etwa von Bäumen) und Produktion (etwa von neuen Substanzen wie dem porösen Wasser) sind Prozesse, die sich je nach Motivlage per Informationsverarbeitung auf Zweckbestimmungen hin optimieren lassen. Wer etwas aus einem Grund produziert oder reproduziert, der nicht nur die eigenen Wünsche, sondern auch die Tatsachen berücksichtigt, kann dieses Handeln anpassen, wenn sich Tatsachen verändern oder neue Wünsche aufkommen. Die Welt steht ja nie still. Wer allerdings zu unvernünftigen Zwecken Zeug produziert und reproduziert, also aus Gründen und mit Begründungen, die an den Tatsachen oder den Wünschen vorbeigedacht sind, wird scheitern.

An dieser brenzligen Stelle sollte ich für den skeptischen Teil des Lesepublikums, also für die Erfahrungs- und Erkenntniskritischen, dringend definieren, was ich mit dem Wort »Tatsachen« meine. Seit Erfindung des sogenannten Positivismus durch Auguste Comte im 19. Jahrhundert und forciert noch einmal seit der Folgezündung des Neopositivismus durch den Wiener Kreis um die Philosophen Moritz Schlick und Rudolf Carnap im frühen 20. Jahrhundert gibt es einen ungesunden Tanz um »positives Wissen«. Darunter verstehen diese Schulen den Inhalt quantifizierender Protokollsätze über Messungen oder andere Wahrnehmungen. So etwas ist heute statistisches Datengetreide in den Silos von Big Data, und über Zweckbestimmungen wird dabei kaum geredet, das wäre schließlich »nicht objektiv«.

Ein Feldeffekt dieser genierlichen Verschwiegenheit über Warum und Wozu ist eine öffentliche Fehlhaltung zu vielen Resultaten, oft schon zu bloßen Zwischenergebnissen exakter Forschung. Die Sätze, in denen sie bekannt gemacht werden, sollen nämlich alle nur je eine einzige Bedeutung haben, und zwar eine obendrein irgendwie als »buchstäblich«, also fix, unveränderlich gedachte, eine Bedeutung, die sich offenbar in Wendungen wie »die Wissenschaft hat festgestellt« besonders wohlfühlt.

Prominente Stimmen aus der Forschung, die weite Verbreitung erfahren, tun deshalb besonders in Deutschland gern so, als wäre Deutungsarbeit unnötig und sogar unmöglich, sobald eine Feststellung vorliegt, die etwa mit dem Herkunftskürzel »DFG« versehen ist, was immer nur »Deutsche Forschungsgemeinschaft« heißen soll und als Gütesiegel doch schicklicher und nützlicher wäre, wenn es für »Demut, Fleiß, Geduld« stünde: Demut im Sinne von Respekt vor der Gefahr der Verzerrung wissenschaftlicher Expertise durch die Gezeitenkräfte wirtschaftlicher und politischer Macht, Fleiß beim Erarbeiten nachvollziehbarer

Modelle zur Kontextualisierung der Daten, Geduld schließlich beim Erklären sowohl der Daten wie der Modelle.

Wer diese Tugenden gering achtet und sie einer (neo-)positivistisch fetischisierten Scheinobjektivität unterordnet, zerstört jede Chance zu Übersicht und Mündigkeit bei denen, die wirtschaftlicher und politischer Macht im Normalfall unterworfen sind, statt sie auszuüben, und gesellt sich damit zu den üblen Leuten, die in dem schönen Gedicht der Marxistin und Feministin Claudia Jones, dem ich das Motto für diesen Text entnommen habe, »misleaders« heißen: »Irreführer«.

Das, was solche Irreführer sagen, kann nach positivistischen und neopositivistischen Maßgaben völlig korrekt sein und dennoch von allen guten Geistern verlassen. Man denke nur an die ekelhafte »Studie zur Energiesicherheit«, die auf der Website des Nachrichtenmagazins *Der Spiegel* Ende Oktober 2022 den ebendort ausgegebenen Merksatz »Deutschland muss Gasverbrauch um 30 Prozent senken« begründen sollte.

Da hat jemand berechnet, »dass es vor allem bei Kleinverbrauchern noch Luft nach oben gibt« beim Sparen, und der auf diese Mitteilung folgende Satz: »Bessere Noten erhält die Industrie« referiert zweifellos verifizierbare Befunde. Was hier jedoch vorliegt, ist nicht die Klärung einer bestehenden objektiven Unsicherheit durch für alle gleich verbindliche Untersuchungsergebnisse, sondern ein Lob für die Industrie, deren Energiehaushalt unter Rückgriff auf die ungeheure Rechenleistung ihrer Hilfscomputer minutiös geplant wird, und ein Tadel für Lohnabhängige sowie auf Almosen gesetzte Nichtberufstätige, die nicht die Mittel haben, solche Pläne aufzustellen, aber den sprichwörtlichen Gürtel enger schnallen sollen.

Die Fragestellung selbst, die so drastisch Ungleiches über denselben Leisten schlägt, ist gerade nicht objektiv – oder höchstens in dem Sinne,

in dem auch eine Wissenschaft objektiv wäre, die aus einer Studie, welche zeigt, dass Menschen essbar sind, die Empfehlung ableiten würde: »Arme Hungernde müssen sich aus Kostengründen daran gewöhnen, tote Leute zu essen.«

Tatsachen, Wünsche, Produktion und Reproduktion

Nicht erst im Kapitalismus, sondern schon seit den Anfängen der modernen Wissenschaften im Feudalismus stiften Irreführer ihr Unheil mit wissenschaftlich verbrämten Ansichten, die Claudia Jones deshalb ganz zurecht sowohl mittelalterlich wie bürgerlich nennt: »feudal-bourgeois«. Will man dem entgegenwirken, so darf man Begriffe wie »Tatsachen« oder »Fakten« nicht positivistisch oder neopositivistisch fassen, wie das die bürgerlichen Natur-, aber auch Gesellschaftswissenschaften inzwischen leider so häufig ex- oder implizit tun. (Von solchen Quellen her ist das weit ausgeströmt und sogar in »marxistische«, jenseits der Westgrenze der ehemaligen DDR selbst in »marxistisch-leninistische« Schriften eingesickert.)

»Positives Wissen« ist heute statistisches Datengetreide in den Silos von Big Data, und über Zweckbestimmungen wird dabei kaum geredet, das wäre schließlich »nicht objektiv«.

DUKTION

Einfach verzichten will ich auf diese Begriffe aber auch nicht. Denn sie können etwas benennen, das nicht links liegengelassen werden darf, wenn man eine Welt ohne Ausbeutung, Unterdrückung, Einschluss, Ausschluss und sonstige menschengemachte Scheußlichkeiten will: den Widerstand des nun einmal Vorhandenen. »Tatsachen« und »Fakten« will ich daher rundheraus alles nennen, was Wünschen potenziell entgegensteht.

Was aber sind nun wieder Wünsche? So allgemein und voraussetzungsarm wie möglich nenne ich hier »Wünsche« alles, was Menschen dazu motivieren kann, die Veränderung einer vorgefundenen Lage in Angriff zu nehmen, also die Gesamtheit der mal unbewussten (aber vielleicht indirekt, näherungsweise erschließbaren), mal vorbewussten (womöglich nicht sofort klaren, aber doch dem Nachdenken zugänglichen) und schließlich auch der bewussten Beweggründe zum Handeln. Das reicht von der trübsten Triebregung (»Durst!«) bis zum ausgeklügeltsten Vorhaben. Der beliebte Unterschied zwischen »Wunsch« und »Wille« ist in solchem Sprachgebrauch dann einer zwischen einerseits einer allgemein und voraussetzungsarm bestimmten Menge und andererseits einer schon etwas präziser gefassten ihrer Untermengen. Denn zum »Willen« gehören für mich hier nur diejenigen Wünsche, deren Preis denen, die sich jeweils etwas wünschen, bekannt ist – wenn man etwas will, weiß man also, was man dafür tun und aushalten muss, und ist auch dazu bereit.

Die Vermittlung zwischen Wünschen und Tatsachen leisten beim Individuum der Verstand und die Vernunft. Wie bei vielem, was zahlreiche Einzelfälle zulässt, kann man auch für das Produkt all dieser Einzelfälle einen Namen finden. Bei der möglichen Verallgemeinerung von Verstand und Vernunft der Individuen zum sozialen Großphänomen hat das Karl Marx besorgt. Er nennt sie an einer mittlerweile recht berühmten Stelle seines 1857 begonnenen und 1859 eher abgebrochenen als vollendeten Manuskriptes *Grundrisse der Kritik der politischen Ökonomie* den »general intellect«.

Der steht nun in historisch variablen Produktionsverhältnissen, isoliert davon gibt's ihn nicht. Für diese Verhältnisse, in denen auch die vom *general intellect* mehr oder weniger informierte Produktivkraft »lebendige Arbeit« steht, postuliert Marx einen möglichen Gebrauchswert namens »geschichtsbildende Potenz«. Das soll sagen: Wir Menschen können unser Hirn und unsere Mühe so anwenden, dass sie uns künftige Anstrengungen ersparen (etwa indem wir Maschinen bauen, die uns von Plackerei befreien) und uns damit »disponible Zeit« verschaffen für die Anregung und Befriedigung von Bedürfnissen, die über die bloße Produktion und Reproduktion des nackten Lebens hinausgreifen. Marx nennt die hypothetischen gesellschaftlichen Verhältnisse, die diesen Gebrauchswert systematisch erschließen würden, »sozialistische« und »kommunistische«.

Die Produktion und Reproduktion von Gütern oder Verfahren für Dienstleistungen im Kapitalismus, Monopolismus und Imperialismus will aber nicht auf diesen geschichtsbildenden Gebrauchswert von geistiger und physischer Arbeit hinaus. Sie hat einen anderen Zweck, den Profit – also das, was aus Geld mehr Geld macht, indem Waren verkauft oder Dienstleistung gegen Geld angeboten werden oder der Wert der menschlichen Arbeitskraft auf sonst irgendeine Art vernutzt wird.

Wer in diesem mühsamen Scheißspiel »am Markt vorbeiproduziert«, geht pleite. Unter solchem Selektionsdruck entsteht indes laut bürgerlicher ökonomischer Lehre angeblich ein menschengemachtes Ökosystem, in dem es sich für alle leben lässt. In Wahrheit bedeutet das freilich vor allem, dass Ergebnisse menschlicher Kenntnisse und Fertigkeiten, je nachdem, ob sie aus Geld mehr Geld machen, entweder Güter und Werte oder bloß Müll sind.

Ein Stuhl zum Beispiel kann noch so praktisch, bequem, dauerhaft, ergonomisch wohlkonstruiert sein, wenn aber niemand das Ding kaufen will oder kann, ist es Abfall, und zwar *bevor* es je benutzt wurde. Schlimmer noch: Das Müllschicksal kann den Stuhl ereilen, *anstatt* dass sich jemand draufsetzt. Es ist kaum zu fassen: Dass etwas durch Verschleiß zu Müll wird, mag vielleicht vernünftig sein, aber dass etwas gar nicht erst verschlissen werden kann, weil es als sich selbst enthüllender Müll von der Erzeugung direkt zur Vernichtung weitergereicht wird, ist verrückt. Das Wort von der »Wegwerfgesellschaft«, das im letzten Drittel des 20. Jahrhunderts als Anklage gegen den zeitweiligen Überflusskapitalismus der reichsten kapitalistischen Staaten aufkam, war damit eigentlich eine Verharmlosung.

Denn nicht erst, wenn sie weggeworfen werden, sind viele Sachen, die dieses System herstellt, für den Arsch, sondern schon im Werden; man erkennt's nur erst beim Fehlschlag im verhinderten Verkauf. Dieser

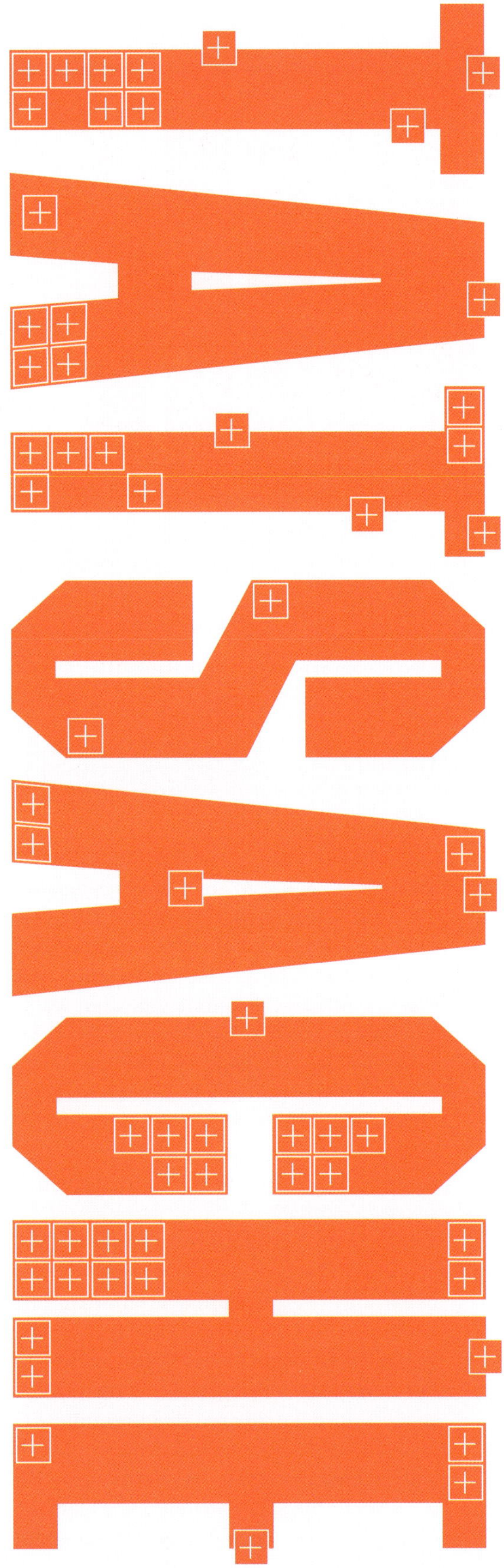

Wahnsinn nach der Parole »Wir produzieren das Zeug erst mal, wird hoffentlich einer kaufen, anders geht's nicht«, hat in den letzten drei- bis fünfhundert Jahren denn auch eindrucksvoll irrsinnige Krisen, Kriege und Katastrophen produziert und reproduziert, neben besagtem Müll in unsäglicher Masse.

Leute, die sich nicht wegwerfen lassen

Eine zweistellige Millionenzahl von Menschen lebt mittlerweile nicht nur davon, im Müll nach Brauchbarem, am besten auch wieder Verkäuflichem (»Recycling«) zu suchen, sondern wohnt auch auf Halde, im »Landfill«, in Müllstädten, ausgeschlossen von den vitalsten weltweiten wirtschaftlichen und politischen Regelkreissystemen, die nämlich nur für »produktive« (das heißt profitable) Personen gedacht sind.

Das gefährdete Zusammenleben dieser Müllabhängigen hat die bürgerliche Sozialkunde inzwischen mit einem Fachausdruck beklebt: Sie spricht von »garbage dump communities« oder kürzer »garbage communities«. Wie die globale Müllmasse selbst wächst auch die Literatur über solche Kollateralschäden des bewusstlosen Weiterratterns einer komplett verkehrten Weltwirtschaftsweise. Persönlich als Augenöffner empfehlen kann ich in dieser Sache vor allem drei Texte:

Erstens die literarisch durchgearbeitete Schilderung von Zuständen rund um den Müllberg von Deonar nahe der indischen Metropole Mumbai namens *Castaway Mountain* der indischen Journalistin Saumya Roy, der man bei aller Drastik, die sie ihrer Darstellung aufgebürdet hat, jedenfalls keine antikapitalistische Voreingenommenheit unterstellen kann. Sie ist eher eine klassische Liberale, die an die Abschaffung der Armut durch die Erzeugung eines Mittelstandes in Elendsregionen auf dem Weg der breiten Vergabe von Mikrokrediten glaubt. Warum das im gegenwärtigen monopolistischen und imperialistischen Stadium der Geschichte der Wertverwertung nicht funktionieren kann, steht allerdings längst in den Imperialismus-Analysen von Wladimir Iljitsch Lenin und Rosa Luxemburg.

Zweitens den 2019 auf Deutsch erschienenen Roman *Siliziuminsel* des chinesischen Science-Fiction-Schriftstellers Quifan Chen. Darin wird mit ein paar raffinierten spekulativen Zuspitzungen aktueller Bestandsaufnahmen der Auslagerung von Elektroschrott-Wiederaufbereitungsarbeit aus den technokapitalistischen Schaufenstergegenden in die »noch nicht entwickelten« Erdteile wie nebenbei die Lüge von der zunehmenden »Nachhaltigkeit« und

Die Sätze, in denen Forschungsergebnisse bekannt gemacht werden, sollen alle nur je eine einzige Bedeutung haben, die sich offenbar in Wendungen wie »die Wissenschaft hat festgestellt« besonders wohlfühlt.

abnehmenden Toxizität des »voll entwickelten« profitversklavten Industriewesens entlarvt, inklusive Bloßstellung westlich-nördlicher Heuchelei bei der vorgeblichen Beratung Ärmerer durch Reichere im Zeichen der ökologisch-moralischen Imperative der Stunde.

Und drittens die penible Recherche *Garbage Citizenship* der New Yorker Geografin und Entwicklungsforscherin Rosalind Fredericks, die in der senegalesischen Stadt Dakar gelernt hat, dass Individuen und Gemeinschaften, deren direkte Umwelt zu einem beträchtlichen Teil aus Müll besteht, sich zu dieser seltsamen Ökologie keineswegs passiv leidend verhalten müssen, sondern bei der Gegenwehr gegen das ihnen Aufgezwungene unter Nutzung des Mülls als Produktions- und Reproduktionsmittel der Transformation ihre Lage verbessern können. Ausgangspunkt der Untersuchung waren zwei historische Ereignisse in Dakar – einerseits das Aufkommen der Bewegung Set/Setal (in der Sprache Wolof heißt das »sei sauber/mach sauber«) in den Jahren 1988/89, als politische Putzkommandos der Verwaltungselite einheizten, und andererseits der urbane »Müllaufstand« (vor allem in von Lohnabhängigen bewohnten Vierteln) im Jahr 2007, nachdem Arbeitskämpfe des Müllbeseitigungsproletariats zum Ausgangspunkt schwerer Auseinandersetzungen mit der Macht wurden.

Wer das, wovon diese drei Bücher handeln, für exotische Probleme entlegener Weltteile hält, überschätzt die Effizienz der Bemühungen imperialistischer Zentren, die Folgen ihrer Dreckswirtschaft anderswo abzuladen, am besten »hinten, weit, in der Türkei« (Goethe).

Seit gut zwanzig Jahren wohne etwa ich selbst mit kleinen Unterbrechungen in der Bankenstadt Frankfurt am Main und weiß also, wieviel Aufwand die Müllbeseitigung gerade in einer technisch avancierten und vergleichsweise reichen Kommune macht. Dennoch war ich überrascht,

AUSH

als ich vor ein paar Monaten erfuhr, dass ein Wochenmarkt in einer der Umlandgemeinden, den ich aus quasi-ethnologischer Neugier gelegentlich besucht habe, jeden Freitag volle anderthalb Tonnen Müll auskotzt. Die Zahl steht inzwischen mahnend auf städtischen Abfallkübeln.

Kopfarbeit und ihr Gebrauchswert

Dass nicht nur die grob materielle, sondern auch die geistige Produktion ihren Müll hervorbringt, gehört in den Öffentlichkeiten imperialistischer Zentren inzwischen zu den Gemeinplätzen, die nur noch Gähnen, Abwinken und Schulterzucken provozieren. Es geht dabei aber interessanterweise nicht vorwiegend um die naturwissenschaftlich-technische Intelligenz, in deren Arbeitswelt die Gifte und suchterzeugenden Stoffe konzipiert werden, die in besagten Zentren die seit der Industrialisierung lange Zeit wachsende durchschnittliche Lebenserwartung allmählich wieder spürbar senken. Es geht vielmehr um die Nachrichten-, Meinungs- und Debattensphäre, primär um den Journalismus und die universitätsnahe Publizistik, exemplarisch: um den Feuilletonredakteur oder die Philosophin, die in den formell demokratischen bürgerlichen Staaten sozusagen gewohnheitsmäßig die Teilhabe an allen das ganze Gemeinwesen betreffenden Entscheidungen organisieren.

ALTEN

Viel zu lachen haben solche Leute nicht mehr. Die Auflagen der sogenannten Qualitätszeitungen sinken seit Jahren; das Prestige, das Meinungsleitsterne erster Ordnung wie Bertrand Russel oder Jean-Paul Sartre einst genossen haben, lässt sich mit Bücher- und Artikelschreiben allein heute nicht mehr erwerben. Und der übelste Bodensatz des allgemeinen Diskurses, die reine Stimmungsmache oder Hetze, wird von den sogenannten Sozialen Medien inzwischen mit weit mehr Reichweite und steileren Effektgradienten produziert als von den Traditionshäusern. Der Alltag der privaten Print- und der öffentlichen Funk- und Fernseh-Institutionen formiert sich zusehends nach dem Bild der neuen, im World Wide Web entwickelten Verbreitungsweisen von Haltungen und Ansichten: Man macht sich zum Anhängsel von Google und leistet schlecht bis gar nicht entlohnte Hilfsdienste für Big Data im Zeichen der Suchmaschinenopimierung für selbstgenerierte Inhalte (die man schnittig Content nennt statt, was für den Großteil dieser Inhalte treffender wäre, eben: Müll).

Weil es in den betreffenden Gesellschaften lange Zeit der Job der öffentlichen Intellektuellen und Reportage-Fachkräfte mit oder ohne Abitur war, gesellschaftliche Missstände entweder anzuprangern oder zu verschleiern (man konnte auch das Team und das Thema wechseln, also heute auf der Seite der Kritik stehen und morgen auf der Seite der Macht), versuchen ihre Erbinnen und Erben jetzt auch bei ihrer eigenen Misere, passende Diagnosen zu erstellen. So sind in Deutschland kürzlich Bücher erschienen wie *Ein neuer Strukturwandel der Öffentlichkeit und die deliberative Politik* von Jürgen Habermas oder *Die vierte Gewalt – Wie Mehrheitsmeinung gemacht wird, auch wenn sie keine ist* von Richard David Precht und Harald Welzer. Dass jedoch nicht nur die ökonomischen und politischen Rahmenbedingungen, über die diese Bücher sich so ihre Sorgen machen, sondern schon die

Gelobt wird die Industrie, deren Energiehaushalt unter Rückgriff auf die ungeheure Rechenleistung ihrer Hilfscomputer minutiös geplant wird, und getadelt werden Lohnabhängige sowie auf Almosen gesetzte Nichtberufstätige, die nicht die Mittel haben, solche Pläne aufzustellen, aber den sprichwörtlichen Gürtel enger schnallen sollen.

Ein Stuhl zum Beispiel kann noch so praktisch, bequem, dauerhaft, ergonomisch wohlkonstruiert sein, wenn aber niemand das Ding kaufen will oder kann, ist es Abfall, und zwar bevor es je benutzt wurde.

Sprechposition der befugten und berufenen, von Universitätstiteln oder Bestsellererfolgen zum schier endlosen Weiterquasseln Ermächtigten gemessen am Ideal der Mündigkeit aller ein Problem darstellt – dass also die Kritik der Intellektuellen auch gegen sie selbst zu wenden wäre – ist keine neue Einsicht.

Lange vor den Verschärfungen der Plattformverhältnisse in unseren Tagen hat Bertolt Brecht daraus schon ein hübsches Theaterstück gemacht, *Turandot oder der Kongress der Weißwäscher*. Darin tragen die öffentlichen Intellektuellen den niedlichen Namen »Tuis«. Ein solcher Tui erklärt sein größtes Missgeschick, nämlich den Verlust des Wohlwollens der Mächtigen, die seine rhetorischen Erzeugnisse begönnert haben, mit dem Stoßseufzer: »Ich war nicht sehr gut im Bemänteln und an siebzehnter Stelle im künstlerischen Speichellecken.« Ein anderer, der heutzutage sein Geld wohl als Polit-Influencer und Podcast-Star verdienen würde, urteilt über einen seiner Auftritte: »Mein Hauptargument war gesund, aber in den Details hätte ich tatsächlich farbiger sein können.«

Man wird solche Bekenntnisse nur mit viel Nachsicht ernsthaft »Selbstkritik« nennen können; sollte sich dann aber auch klar machen, dass die hier karikierte Sorte von Intellektuellen nicht allein von der medienökonomischen Lage her in Bedrängnis geraten kann, sondern in Zeiten wie unseren auch populistischen und generell anti-intellektuellen (im gröbsten Sinn, also sowohl verstandes- wie vernunftfeindlichen, etwa verschwörungsmunkelnden) Attacken widerstehen muss. Diesen Intellektuellen wird ja nicht nur vorgeworfen, dass sie nicht die Wahrheit sagen, sondern auch, dass sie das manchmal eben doch tun, verbunden mit der Androhung von Gewalt, falls sie es nicht bleiben lassen.

Das kommt meist von einer militant autoritären Fraktion des ideologischen Krisenopportunismus, die man seit dem ersten Drittel des 20. Jahrhunderts »Faschismus« nennt und die in Brechts *Turandot* von einem stark an Adolf Hitler erinnernden Gangsterboss namens Gogher Gogh verkörpert wird, der zynische und brutale

Sachen äußert wie: »Ich sage nichts, wenn jemand für eine Meinung Geld nimmt. Unter meiner Führung wird der Staat sogar mehr Geld für Meinungen ausgeben. Aber für Meinungen, die mir passen.«

Der Grund für die bittere Situation, in der sich heute, wie in *Turandot*, die in der imperialistischen Meinungsindustrie beschäftigte Intelligenz befindet, ist einer, den sie teils in aufrichtiger Wahrnehmungsbeschränktheit wirklich nicht erkennt und teils, mit Brechts treffendem Wort, aus Interesse an Pfründen »bemäntelt«: der zur Zeit hauptsächlich »von oben«, von der wirtschaftlichen und staatlichen Macht aus geführte Klassenkampf, inklusive der Aussicht auf eine sich mancherorts bereits abzeichnende Faschisierung (also auf die kommissarische Übernahme der politischen Geschäfte des Monopolkapitals durch Gogher Gogh und seine Räuber- und Schlägerbande).

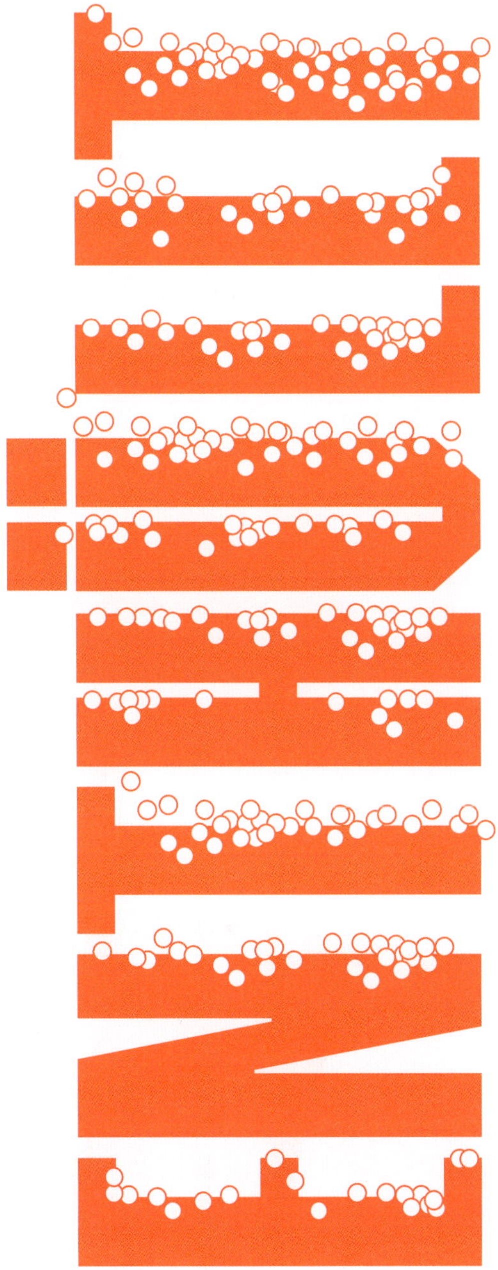

Form, Inhalt und beider Umsturz

Sofern die Meinungsintelligenz noch den Mut aufbringt, diese autoritären, demagogischen, faschistischen Tendenzen anzugreifen, betrachtet sie ihren Feind leider fast immer rein schematisch als Gegenpol zum schlechthin Guten der sogenannten »Demokratie«. Damit ist sehr vage eine Verwaltungs- und Entscheidungsform gemeint, bei deren Betrachtung man vermeintlich von Klasseninhalten absehen kann – also davon, ob hier gerade diejenigen die Agenda setzen und beackern (lassen), deren Rolle in der Produktion und Reproduktion der Gesellschaft darin besteht, dass sie das Kapital besitzen, dessen Vermehrung die gesamte Wirtschaftsorganisation dient, oder aber die anderen, deren Arbeitskraft, Lebenszeit und ganze Existenz von dieser Kapitalvermehrung ausgebeutet wird.

Was die Intellektuellen, die an der politischen Form des öffentlichen Lebens (»entweder autoritär oder demokratisch«) herumdeuten und dabei den Inhalt (Klasseninteressen) ignorieren, damit mindestens verstecken und schlimmstenfalls zerstören, ist der Intellekt in seiner sozial nützlichsten Dimension – da, wo er Analysen erarbeiten könnte, die so klug sind wie eine der klügsten, die Brecht in seinem »Arbeitsjournal« geleistet hat: »In den demokratischen Ländern ist der Gewaltcharakter der Ökonomie nicht enthüllt (d.h. verhüllt), in den autoritären Ländern steht es so mit dem ökonomischen Charakter der Gewalt.«

Ohne die in solcherlei Sätzen dicht am Gegenstand kodifizierte, bitter nötige klassenanalytische Klarsicht lassen sich Fragen nach der emanzipatorischen, also der kommunistischen Position zu Russland

»In den demokratischen Ländern ist der Gewaltcharakter der Ökonomie nicht enthüllt (d.h. verhüllt), in den autoritären Ländern steht es so mit dem ökonomischen Charakter der Gewalt.« – Bertolt Brecht

> **In Wirklichkeit kann selbst das stärkste und fünfmal keynesianisch geimpfte Gewaltmonopol nicht gegen eine bestehende Produktionsordnung regieren, sondern muss sie entweder verteidigen oder mit ihr untergehen.**

oder China, zu Trucker-Krawallen in Kanada, zu ländlichen Unruhen in den Niederlanden, zu Streiks oder zur Querdenkerei nicht verständig und vernünftig formulieren, geschweige beantworten.

Das heißt auch: Es kann gewiss gute Gründe geben, sich beispielsweise der Forderung der US-amerikanischen Ökonomin Stephanie Kelton, einer der maßgeblichen Stimmen der sogenannten Modern Monetary Theory oder MMT, anzuschließen, die will, dass bürgerliche Staaten Geld, das den Nichtbesitzenden (unter kapitalistischen Vorzeichen: allen, die entweder überhaupt nichts haben oder das bisschen, was sie haben, nicht kapitalisieren können) fehlt, einfach drucken und an die Abgehängten weiterreichen sollen. Es gibt wohl auch ebensolche guten Gründe, Keltons britischem Kollegen Jerome Roos beizupflichten, der »Schulden« bei völkerrechtlich souveränen Staaten ganz richtig als böse Erpressungshebel für die innen- (hier vor allem: sozial-) und außenpolitische Verewigung des ungleichen Tauschs zwischen Klassen (auf lokaler Ebene) und Staaten sowie überstaatlichen Bündnissen (auf globaler Ebene) sieht, weshalb man diese Schulden den Schuldnerinnen und Schuldnern besser erlassen sollte.

Wer derlei Maßnahmen jedoch für hinreichende Abhilfe gegen kapitalistisches Unrecht hält, sofern bei solcher Abhilfe das Ziel ist, die unerträglich katastrophenträchtige kapitalistische, monopolistische und imperialistische Weltentwicklung zu bändigen, ihre Wellen zu glätten und ihre elenden Täler zu heben, denkt im Prinzip nicht anders als die bürgerliche Nationalökonomie zu Zeiten von Marx. Über sie machte er sich als Zeitzeuge der intellektuellen Folgen großer Wirtschaftskrisen in

den Jahren 1818, 1819 und 1825 lustig, weil ihre geld- und währungspolitischen Vorschläge zur Verhinderung verheerender Wirkungen der Kapitalakkumulation blind waren für die Klassendynamik der Krisen.

Wer, um nur einen jener damals aufgekommenen Vorschläge zu nennen, den Goldstandard hochhält (»alles Geld im Umlauf soll durch irgendwelche Sachwerte oder wenigstens Produktionskapazitäten gedeckt sein«), scheint vordergründig das Gegenteil dessen zu vertreten, was heute Leute sagen, die Notendruckmaschinen anwerfen wollen, um Not zu lindern. Gemeinsam ist beiden aber, was sie von Marx und der kommunistischen Tradition unterscheidet: Diese bürgerlichen Köpfe halten »die Politik« oder »den Staat« für klassenneutral. Staatspolitik ist im Kapitalismus, Monopolismus und Imperialismus jedoch immer die Tätigkeit von Ausschüssen, die ausschließlich gebildet und unterhalten werden, um den kapitalistischen Betrieb zu sichern, also zum Beispiel über die Einhaltung von Verträgen zu wachen (gerade auch ungleichen, ungerechten, etwa Arbeitsverträgen).

Man kann Geld staatlich horten oder drucken oder vom Dach schmeißen, aber als »allgemeines Äquivalent« – als das, was Geld sein soll, wo es Märkte gibt – wird es nur akzeptiert, wo besagter Staat das Gewaltmonopol innehat. Auch die MMT will schließlich nicht »Falschgeld legalisieren« und schafft deshalb die Polizei nicht ab, die den bürgerlichen Besitz schützt. Wie die wildesten, John Maynard Keynes anhimmelnden Schreihälse der SPD der 1970er Jahre wollen viele Linksliberale sowohl unbedingt irgendwie links unterwegs sein als auch dabei immer liberal bleiben. In diesem Spiel bedeutet »liberal«, wenn man an dem Etikett ein bisschen kratzt, stets nichts anderes als: Es lebe die bürgerliche Gewerbefreiheit, die »freie Marktwirtschaft«, der fortgesetzte ungleiche Tausch von lebendiger Arbeit gegen Müll.

In Wirklichkeit kann selbst das stärkste und fünfmal keynesianisch geimpfte Gewaltmonopol nicht gegen eine bestehende Produktionsordnung regieren, sondern muss sie entweder verteidigen oder mit ihr untergehen. Wenn aber diese Produktionsordnung inhuman ist wie der Kapitalismus, der Monopolismus, der Imperialismus, dann: Weg damit!

Dietmar Dath ist Schriftsteller, Kritiker und Publizist. Er hat mehrere Romane (*Die Abschaffung der Arten*, 2008, *Gentzen oder: Betrunken aufräumen*, 2021), Sachbücher (*Maschinenwinter*, 2008) und ein Opernlibretto (*Einbruch mehrerer Dunkelheiten*, 2022) verfasst.

Macht euren Scheiß doch alleine!

Das Bild einer nach rechts driftenden Arbeiterklasse ist falsch. Entscheidender ist, dass die alltägliche Kritik der Arbeitenden nicht repräsentiert wird. Wohin sich dieses Gefühl politisch entwickelt, ist offen.

Text von Linus Westheuser und Linda Beck Illustration und Infografik von Julius Klaus

Lisa kommt im Blaumann in den McDonald's an der Ausfahrtstraße am Rande der Stadt. Draußen donnern Lastwagen auf die Autobahn, Lisa holt sich einen Kaffee und hockt sich müde in die Sitzecke. Sie kommt von der Frühschicht und war seit 3 Uhr morgens in der Autofabrik, in der sie als Leiharbeiterin beschäftigt ist. Sie will eigentlich nur heim, nimmt sich aber dennoch Zeit für ein Interview. Lisa ist einer der Menschen, mit denen wir für eine Studie sprechen, in der es um das politische Bewusstsein einer Klasse geht, die im öffentlichen Diskurs fast schon vergessen ist: der »alten Arbeiterklasse« von manuellen Arbeiterinnen und Arbeitern in Industrie, Handwerk und Bau.

»Gibt es Arbeiter überhaupt noch?«, fragen uns Uniabsolventen, während von fern ein Presslufthammer dröhnt. »Ah, das neue AfD-Milieu«, sagen andere. Uns reichen diese Klischees nicht. Nachdem seit Jahren fast nur noch dann über die Arbeiterklasse gesprochen wird, wenn Rechtsradikale Wahlerfolge feiern, wollen wir uns ein genaueres Bild des Arbeiterbewusstseins jenseits der Schlagzeilen verschaffen. Wir treffen Arbeiterinnen und Arbeiter zu Hause oder in der Mittagspause, auf der Baustelle oder im Café.

»Wie würdest Du Dich selbst beschreiben?« Mit dieser Frage beginnen viele der langen Gespräche. »Ich hab kein Problem damit, einen Hammer oder eine Axt anzuheben«, ist Lisas Antwort. »Ich muss mich auch nicht total aufbrezeln, wenn ich in die Fabrik gehe. Es ist kein Laufsteg, ich geh da zum Arbeiten hin. Insofern bin ich vielleicht eine ungewöhnliche Frau.« Unsere Gespräche drehen sich um Selbstverständnisse und Beschwerden, Belastungen und Identitätsstiftung durch Arbeit, fast immer auch um die Politik, die die meisten mit einem Abwinken auf Distanz halten. In unseren Gesprächen kommt eine Arbeiterklasse zu Wort, die vielseitiger, klüger und widersprüchlicher ist, als die Karikaturen im Nachmittagsfernsehen und in Brennpunkten zu Wahlen es nahelegen.

Demobilisierte Klassengesellschaft

Was aber denken Arbeiterinnen und Arbeiter wirklich über Politik und Gesellschaft? Wo stehen sie politisch? Um dies zu verstehen, lohnt sich ein Blick auf die Ungerechtigkeitsgefühle, Wut und Kritik, die in unseren Gesprächen allgegenwärtig sind. Viel mehr als eine klare Ideologie äußert sich ein intuitives Unbehagen mit dem Status quo. »Die höheren Leute, die lassen es am unteren Ende raus«, sagt Lisa etwa, sichtlich wütend.

Anteil der Produktionsarbeiterinnen und -arbeiter, die sich politisch rechts, mittig oder links verorten.
Daten: Sozio-Ökonomisches Panel (SOEP). Produktionsarbeiter: Industrie, Handwerk, Logistik

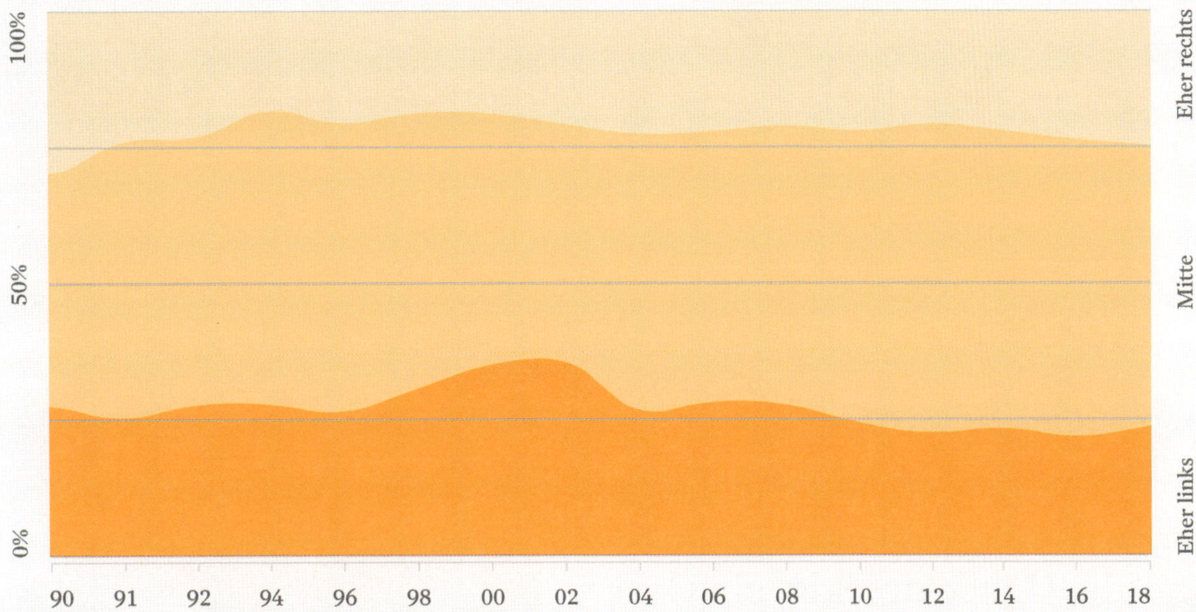

Dies deckt sich auch damit, was uns bestehende Daten sagen: Die Erzählung eines Rechtsrucks unter deutschen Arbeiterinnen und Arbeitern in den letzten Jahren ist falsch. Der Anteil an Menschen, die sich als rechts verorten, ist in dieser Klasse heute genauso groß wie vor dreißig Jahren (etwa 20 Prozent); etwas darunter liegt der Anteil jener, die auch rechtsradikal wählen – im Osten sind es mehr. Auch wenn jeder einzelne Rechte unter ihnen einer zuviel ist, wird hier schon klar: Die große Mehrheit der arbeitenden Menschen gehört nicht zum rechten Lager.

»Verdienen Unmengen an Geld, gehen mit einer Rente nach Hause, davon träumt jeder normale Mensch. Und die Rentner kriegen gar nichts. Das versteh' ich nicht. Das geht einfach nicht rein in meinen Kopf.«

Wie Lisa sehen viele der Menschen, mit denen wir sprechen, die Gesellschaft geteilt in ein Oben und ein Unten. Eine kleine, abgeschlossene Oberschicht aus Managerinnen, Bankern und Politikerinnen, so die Wahrnehmung, vermehrt ihren Reichtum immer weiter, während die Einkommen der Normalverbraucher stagnieren und

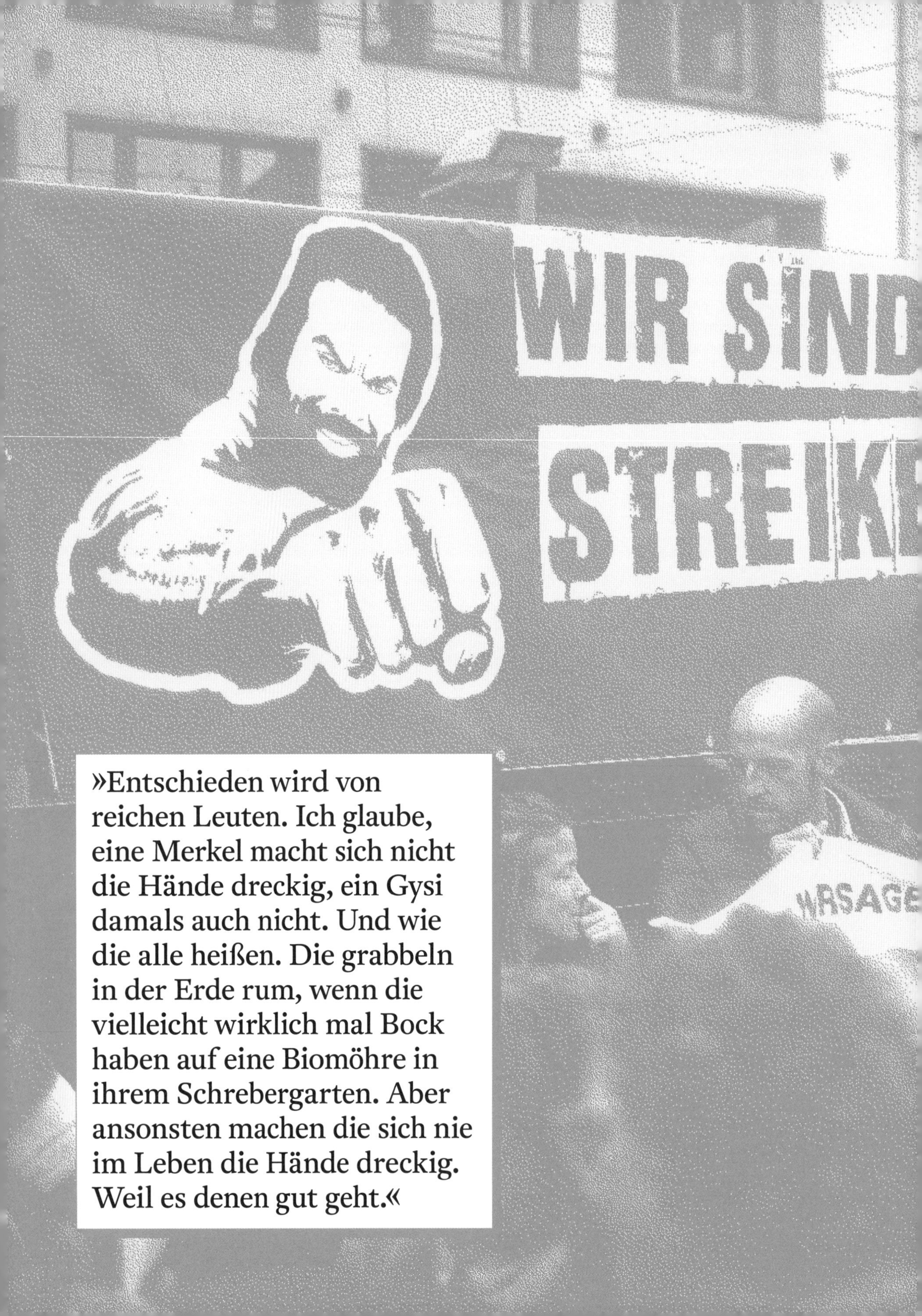

»Entschieden wird von reichen Leuten. Ich glaube, eine Merkel macht sich nicht die Hände dreckig, ein Gysi damals auch nicht. Und wie die alle heißen. Die grabbeln in der Erde rum, wenn die vielleicht wirklich mal Bock haben auf eine Biomöhre in ihrem Schrebergarten. Aber ansonsten machen die sich nie im Leben die Hände dreckig. Weil es denen gut geht.«

GENUG
GENUG
GENUG
GENUG
GENUG
GENUG
GENUG
EREIT
ver.di
ENUG.DE

die Renten des unteren Drittels nicht zum Leben und nicht zum Sterben reichen. »Arbeiterklasse, das sind alle, die sich den Arsch aufreißen für ein mickriges Leben«, formuliert es Bauarbeiter Robin. »Und dann gibt es die Oberklasse, die einfach irgendwo, ich sage mal in Frankfurt, oben in so einem Tower drin sitzen, und vielleicht mal einen Stempel irgendwo draufdrücken und das Geld läuft von ganz alleine, die braucht nichts mehr machen.« Die Arbeiterkritik registriert mit wachem Blick, was auch Ökonominnen schon lange beschreiben: eine Verfestigung des Ungleichgewichts zwischen dem Reichtum weniger und den Mühen der meisten.

Zugleich bleiben die Oberschicht und ihr Reichtum meist weit jenseits des alltäglichen Erfahrungshorizonts, im unbestimmten Oben ferner Wolkenkratzer. Das ist anders, wenn es um konkrete Erfahrungen im Betrieb geht. Hier kritisieren unsere Gesprächspartner scharf, wenn Firmenchefs sich mithilfe von Unternehmensstrategien bereichern, die das Wohl der Beschäftigten hintanstellen: Überwachung, Antreiberei, Leiharbeit und niedrige Löhne. Ein Interessenkonflikt zwischen Arbeitenden und Firmenchefs wird sichtbar, »Ausbeutung« ist das Schlagwort. Ein Befragter bringt es auf den Punkt: »Gewinn, Gewinn, Gewinn. Löhne immer niedriger, Gewinne immer höher. Der Gewinn geht vor dem Mitarbeiter.« Als Ausbeutung wird hier nicht die grundsätzliche Tatsache kritisiert, dass Eigentümer sich Mehrwert aneignen, den die Lohnabhängigen erarbeiten. Wohl aber werden grundlegende Interessengegensätze registriert, die insbesondere in solchen Momenten sichtbar werden, in denen Chefinnen und Eigentümer eklatant die Arbeitsstandards unterlaufen oder Forderungen an die Beschäftigten stellen, ohne Gegenleistungen zu erbringen.

Manchmal sind es aber auch gar keine konkreten Personen, die für Ungerechtigkeit und Mühe verantwortlich gemacht werden. Dann kritisieren die Befragten ein »System«, das uns alle im Hamsterrad des Wettbewerbs und Wachstumszwangs strampeln lässt. Der junge Landschaftsbauer Freddi etwa seufzt, während er sagt: »Man ist halt irgendwo 'ne Marionette. Man muss funktionieren. Es wird immer kontrollierter und deswegen gibt es immer mehr Druck auf die Leute. Weil die Konkurrenz auf der ganzen Welt da ist. Ich glaub', dass es irgendwo einfach aus dem Ruder gelaufen ist.« Die Beschleunigung des Lebens, die Erhöhung des Arbeitstaktes, die Unsicherheit des Arbeitsplatzes oder auch die ökologische Krise werden als Folge eines falschen Imperativs des »Noch mehr, noch mehr« kritisiert. Dass das Geschäft laufen muss, auch auf Kosten der Arbeitenden und der Natur, ist der Hauptgegenstand dieser systemischen Kritik. »Das machen alle mit, außer der Mensch«, sagt Schweißer Alex. Ein Angestellter im Kleinhandwerk bemerkt: »Es wird einen Kollaps geben, ganz klar. Wenn immer noch weiter und immer nur auf Wachstum geguckt wird, das liegt doch in der Natur der Sache, dass irgendwann Ende ist.« In den Erzählungen der Arbeiterinnen und Arbeiter bleibt das Kritisierte namen- und subjektlos. Es sind unkontrollierbare systemische Zwänge, die letztlich in die Krise führen.

Wenn arbeitende Menschen über den Interessenkonflikt zwischen sich und ihren Chefs sprechen und die gesellschaftliche Spaltung in Arm und Reich oder die Steigerungslogik kapitalistischer Konkurrenz kritisieren, zeigt sich, was eigentlich niemanden überraschen dürfte: Arbeitende sind scharfsinnige Beobachter gesellschaftlicher Verhältnisse. Zugleich fehlt aber weitgehend eine positive Vision, die an das Unrechtsbewusstsein anschließt. Fast alle Befragten winken ab, wenn es darum geht, politische Akteure zu benennen, die Abhilfe schaffen könnten. Der Soziologe Klaus Dörre beschreibt diese Gleichzeitigkeit von Ungleichheitserleben und politischer Passivität treffend als Symptom einer »demobilisierten Klassengesellschaft«.

Auch wenn jeder einzelne Rechte unter ihnen einer zuviel ist, wird hier schon klar: Die große Mehrheit der arbeitenden Menschen gehört nicht zum rechten Lager.

Effektiv mobilisiert sind in dieser Gesellschaft vor allem Kapitalinteressen. Sie können erwirken, dass auch bei massiven staatlichen Interventionen – wie den jüngsten Entlastungspaketen und Rettungsschirmen – und auch trotz aller Appelle an Widerstandskraft und Gürtelengerschnallen, Eigentum und Profitabilität nicht angetastet werden. Die arbeitenden Menschen dagegen – und insbesondere jene am unteren Ende der Befehlsketten – finden wirksame Kanäle der demokratischen Kontrolle weitgehend verschlossen, sodass oft nicht viel mehr bleibt als Achselzucken oder stille Wut.

Enthaltungsraten bei Wahlen und der Anteil unter ihnen, der überhaupt irgendeiner Partei zuneigt, ist in den letzten Jahren rapide gesunken.

Das eigene Kuchenstück verteidigen

Diese Demobilisierung macht etwas mit dem Arbeiterbewusstsein. Denn unter dem Vorzeichen gesellschaftlich erzwungener Passivität, schrumpfender Erwartungen und politischer Machtlosigkeit verformt sich auch die Wahrnehmung. Kollektives Handeln scheint unrealistischer, an seine Stelle treten das individuelle

Erwähnungen des Wortes »Arbeiter« und verwandter Begriffe in Reden vor dem Deutschen Bundestag.
Daten: Biermann et al. 2019 für *ZEIT Online*

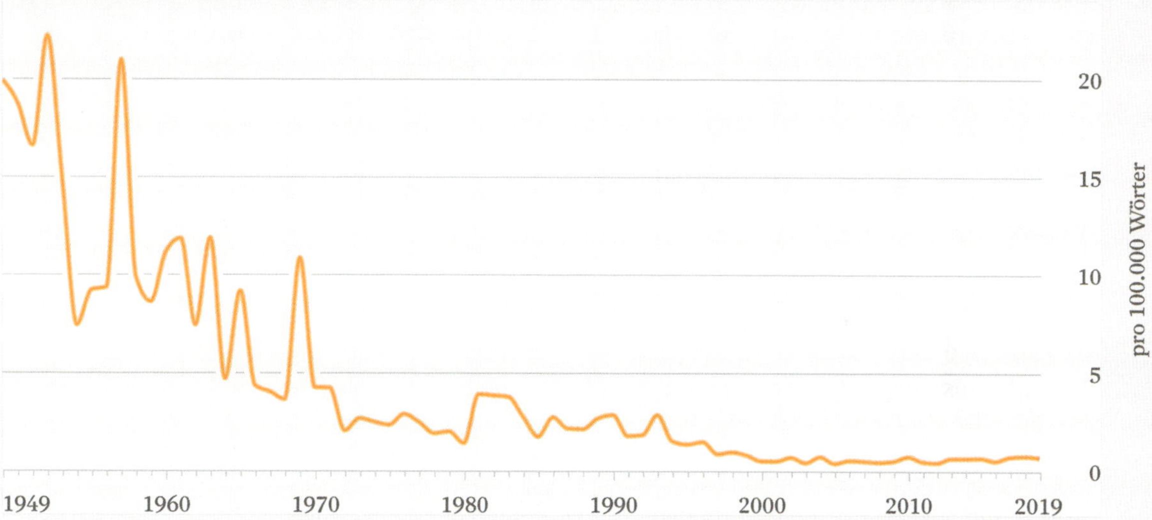

Das liegt zum einen an der historischen Schwäche der Gewerkschaften, die sich nicht zuletzt in der gegenwärtigen Preiskrise zeigt. Zum anderen finden die Interessen und Stimmen der Arbeiterinnen und Arbeiter aber auch in der Politik immer weniger Eingang. Wie Studien des Teams um den Politologen Armin Schäfer zeigen, trägt die Bundespolitik vor allem den Präferenzen der besserverdienenden Bevölkerungsschichten Rechnung. Berufspolitikerinnen und -politiker aller Parteien rekrutieren sich heute fast ausnahmslos aus der akademischen Mittelklasse. Arbeitende Menschen haben weit überdurchschnittliche

Durchbeißen und die Sicherung des kleinen privaten Glücks. Die Kritik an gesellschaftlichen Ungerechtigkeiten kann unter diesen Bedingungen leicht in die Bahnen der Konkurrenz zwischen Lohnabhängigen gelenkt werden.

Die mangelnde Anerkennung für die eigene Existenz und die eigene Arbeit wird dann skandalisiert, indem man andere verdächtigt, es unberechtigterweise einfacher zu haben als man selbst. Die häufigste Zielscheibe dieser Kritik sind Migrantinnen und Migranten, die vermeintlich »alles kriegen«, ohne sich anzustrengen. Hört man Lisa zu, versteht man, wie eng die migrationskritische

Rhetorik mit den eigenen übergangenen Ansprüchen verzahnt ist: »Unsere Rentner zum Beispiel, das find ich ungerecht, was die an Geld kriegen. Das ist nichts. Da kriegt 'n – Entschuldigung, wenn ich dit jetzt sage – da kriegt 'n Asylant mehr. Und der macht gar nichts. Die könnten mehr für unsere Rentner machen, oder für unsere Obdachlosen, Häuser bauen oder irgendwas. Ne, da geben se lieber den Leuten 'n Smartphone, die grade mal 'n Vierteljahr hier sind.«

Verletzte Ansprüche auf Unterstützung, wie die der Rentnerinnen und Rentner, werden denen von vermeintlichen Trittbrettfahrern gegenübergestellt. Diese Gegenüberstellung baut auf der Annahme eines begrenzten Kuchens auf, der zwischen den unterschiedlichen sozialen Gruppen verteilt werden muss. Durch die eigene harte Arbeit hat man sich eigentlich ein Stück vom Kuchen verdient. Ob man dieses auch erhält, wird jedoch zunehmend unsicherer. Rassistische Zuschreibungen von Arbeitsscheue oder kriminellen Neigungen spielen eine große Rolle in diesen Diskursen. Aber auch die verzerrten Schreckgespenster fauler Arbeitsloser aus Fernsehen und Bild-Zeitung werden mobilisiert, um verletzte Ansprüche geltend zu machen: »Wenn ich das immer im Fernseher seh«, erzählt etwa ein schwäbischer Industriemonteur, »›Stempeln gehen und abwarten‹ … Manche Leute haben zwei Jobs und kommen grade über die Runde. Und ein Arbeitsloser, der hat gar kei' Bock, weil er sagt: ›Ah, für des Geld geh ich net arbeite.‹ Das ist der Hammer! Der tät von mir 'n Schuh in'n Arsch kriege.«

Der stumme Autoritarismus des Arbeitszwangs und die Hierarchie und Disziplin der Erwerbssphäre, die die Arbeiterinnen und Arbeiter selbst erleben, werden an Außenseiter weitergegeben. Nicht zuletzt, weil die Idee, dass Leistungsunwillige ein gutes Leben führen, einer Entwertung der eigenen Mühen gleichkommt. Die Last eines körperlich anstrengenden Alltags und der Protest gegen die Geringschätzung durch eine Gesellschaft, die sich von der Arbeiterklasse abgewandt hat, mündet so in eine Konkurrenz nach unten. Diese morbiden Symptome einer demobilisierten Klasse sind ein gefundenes Fressen für jene, die aus der Entsolidarisierung Profit schlagen, von Springer und RTL zu FDP und AfD.

Doch auch solidarische Politik könnte sich viel stärker auf die berechtigten Anerkennungsforderungen der Arbeitenden stützen, ohne die vergifteten Unterscheidungen von heimischen und Fremdarbeitern oder Leistenden und Schmarotzern zu bedienen. Ein Ansatzpunkt wäre das Beharren vieler Arbeiterinnen und Arbeiter auf dem gesellschaftlichen Nutzwert ihrer Arbeit, die sie zunehmend entwertet sehen: »Die, die unten sind, sind das Fundament in der Gesellschaft,« drückt es der Bauarbeiter Felix aus, »und das sind die mit den normalen Berufen. Die den Karren am Laufen halten. Also, sei es nun der Bäcker, sei es der Friseur, die Müllabfuhr, die Straßenreinigung, der Busfahrer, der LKW-Fahrer. Ohne die geht's nicht.«

Die Arbeiterkritik zielt hier auf das Missverhältnis zwischen Nutzen und Belastungen der eigenen Arbeit einerseits und Status und Bezahlung andererseits. Arbeitende Menschen haben zwar enttäuschte, aber an sich hohe Erwartungen an das Zurechtrücken ungerechter Verhältnisse durch den Staat. Daher steht die Kritik an der davonziehenden Oberschicht, der Ausbeutung, Beschleunigung und Missachtung manueller Arbeit für wichtige Chancen, linke Politik unter Arbeiterinnen und Arbeitern zu erneuern.

Die Hände dreckig machen

Generell passen die »wirklichen« Arbeiterinnen und Arbeiter weder in die Schablone rechter Grobiane noch in die eines schlummernden Klassensubjekts, das nur darauf wartet, auf die Straße gerufen zu werden. Sie sind insgesamt weder zu sehr nach rechts abgedriftet, noch zu verblendet, um genau zu wissen, wo die Gesellschaft ihnen systematisch schlechte Karten zuschustert. Die größte Hürde für eine politische Mobilisierung

> »Die, die unten sind, sind das Fundament in der Gesellschaft.«

der Arbeitenden, die das Machtungleichgewicht zu ihren Gunsten umstoßen könnte, ist nicht falsches Bewusstsein, sondern zuvorderst die tiefe Entfremdung und das grundlegende Misstrauen gegenüber Politik als solcher. »Mich interessiert dis auch eigentlich gar nicht mehr«, sagt Lisa über die Politik, »egal was wir machen, wir werden eh nur in' Arsch getreten. Also halt ick mich da och raus. Muss ick nicht haben.«

Politik erscheint unterschiedslos als Sphäre »der Oberen«, zu denen sämtliche Politikerinnen und Politiker gezählt werden. Wie Robin es ausdrückt: »Entschieden wird von reichen Leuten. Ich glaube, eine Merkel macht sich nicht die Hände dreckig, ein Gysi damals auch nicht. Und wie die alle heißen. Die grabbeln in der Erde rum, wenn die vielleicht wirklich mal Bock haben auf eine Biomöhre in ihrem Schrebergarten. Aber ansonsten machen die sich nie im Leben die Hände dreckig. Weil es denen gut geht.« Wie die politische Elite sich nicht auf die Ebene der einfachen Leute herablässt, bleibt auch die Politik selbst außerhalb des Aktionsradius der Arbeitenden. Sie steht für einen fernen, in sich geschlossenen und von Expertinnen und Experten bevölkerten Raum, der »Normalsterblichen« verschlossen bleibt. Ausschluss wird mit Selbstausschluss quittiert. »Für mich ist Politik so: Macht euer Ding doch alleine«, drückt ein Befragter es aus.

Dies ist die Kehrseite der notwendigen Kritik am reißerischen Diskurs über die vermeintlich rechte Arbeiterklasse. Denn wie die Arbeiterinnen und Arbeiter in der Masse nicht rechts sind, so sind sie auch nicht links. Stattdessen ist die gängigste Form des politischen Verhaltens in dieser Klasse, dass sich die Menschen von der Politik abwenden. Daraus folgt, dass viele Arbeiterinnen und Arbeiter über herkömmliche Kanäle politischer Kommunikation und über ideologisch gerahmte Ansprachen (»gegen das neoliberale Denken« und dergleichen) nicht zu erreichen sind. Jenseits der Minderheit gewerkschaftlich Aktiver muss die Linke bei Arbeiterinnen und Arbeitern an einem viel grundlegenderen Punkt ansetzen und den Beweis erbringen, dass Politik überhaupt fähig ist, ihre im Alltag erlebten Probleme zu lösen und den verborgenen Verletzungen und verkannten Ansprüchen der arbeitenden Klasse eine Sprache zu geben. Schöpfen kann eine solche politische Sprache aus dem reichen Reservoir der Alltagskritik. Diese Kritik ist allgegenwärtig, aber kann in sehr unterschiedliche Richtungen mobilisiert werden.

Rechte Ansprachen gewinnen ihre Resonanz aus den tief verinnerlichten Realitäten der Konkurrenz und Disziplinierung, der Abwertung von Migrantinnen und Migranten und einer illusorischen Rahmung von Reichtum in den Kategorien der Nation (»Wir als reiches Land« und so weiter). Doch die linke Kritik kann an einen nicht minder realen Kern des sozialen Erlebens von Arbeiterinnen und Arbeitern andocken: das Bewusstsein über ihre nachteilige Stellung in gesellschaftlichen Verhältnissen der Verteilung, Anerkennung und Repräsentation – und einen Sinn für die Ungerechtigkeit dieser Lage.

Die weite Verbreitung von Kritik, Wut und schnippischer Herabsetzung der politischen Eliten zeigt, dass das gegenwärtige Legitimationsmodell des Kapitalismus Risse aufweist. »Nur weil ich in dem System lebe, heißt das nicht, dass ich das gut finde«, erklärt ein Befragter. Die gegenwärtigen Krisen werden diese Legitimationsprobleme nur vergrößern – ohne dass klar ist, was die Folgen sein werden. Rechte Akteure werden in diesen schwierigen Monaten den ganz und gar nicht irrationalen Impuls aufgreifen, zuerst das eigene Kuchenstück zu verteidigen. Linke müssen dem eine Strategie entgegensetzen, die glaubhaft eine Vergrößerung des Kuchens für die arbeitende Bevölkerung als Ganze verspricht. Eine Strategie, die hervorhebt, wie das Streiten für gemeinsame Ziele Stärke erzeugt, und die Gegner benennt, die diesen Zielen im Weg stehen.

Linus Westheuser ist Soziologe an der Humboldt-Universität zu Berlin und Editor bei JACOBIN.

Linda Beck ist Soziologin an der Georg-August-Universität Göttingen.

Die gemeinsame Studie, auf der dieser Artikel basiert, trägt den Titel »Verletzte Ansprüche. Zur Grammatik des politischen Bewusstseins von ArbeiterInnen«. Sie kann ohne Bezahlschranke auf der Seite des *Berliner Journals für Soziologie* nachgelesen werden.

Die falsche Wahl

Yasmin Fahimi hat den sozialdemokratischen Werdegang schlechthin. Genau das ist das Problem des DGB.

Text von **Hans Graudenz**
Illustration von **Marie Schwab**

Bundesweite Aufmerksamkeit erregte Yasmin Fahimi erstmals 2014 mit ihrer Berufung zur Generalsekretärin der SPD durch Sigmar Gabriel. Beide kannten sich aus dem Dunstkreis der Hannoveraner Genossen. Das Verhältnis mit dem damaligen Parteichef zerbrach jedoch, als dieser den Dialog mit den Querdenker-Vorläufern von Pegida gut fand und Fahimi ihrem Chef öffentlich widersprach.

Dass sie damals zu ihren Werten stand, halten ihr auch viele ihrer Kritikerinnen und Kritiker zugute. Heute, da in Wirtschaft und Haushalten die Energie knapp zu werden droht und die politische Atmosphäre geladen ist, braucht es auch eine starke Stimme, die sich unbeirrt für die Interessen der arbeitenden Bevölkerung ausspricht. Ob Fahimi auch in dieser Situation bereit ist, sich mit den eigenen Genossinnen und Genossen der regierenden SPD anzulegen, steht allerdings in Zweifel.

Fahimi hat einen messerscharfen Verstand, kennt die Knöpfe ihrer Gegner, bleibt nach außen fast immer ruhig. Sie schätzt Adorno und Gramsci, sieht sich als Ur-Linke. Wie Olaf Scholz begann auch Fahimi ihre politische Laufbahn bei den Jusos, dort als Vertreterin des linken Stamokap-Flügels. Es waren auch die »Stamos«, die 1995 Andrea Nahles zur Juso-Bundesvorsitzenden wählten. Fahimi wurde zeitgleich Mitglied des Bundesvorstands der Jungsozialisten. Man kennt sich.

Als Fahimi Jahre später als Generalsekretärin antrat, war sie als geschäftsführendes Vorstandsmitglied des Innovationsforums Energiewende tätig, hauptberuflich leitete sie die Abteilung Grundsatzpolitik und Organisationsentwicklung beim Hauptvorstand der Chemie-Gewerkschaft IG BCE. Vorsitzender des Innovationsforums und der IG BCE in Personalunion: Michael Vassiliadis, Fahimis Lebensgefährte. 2016 wechselte sie als Staatssekretärin in das Arbeits- und Sozialministerium. Die zuständige Ministerin: Andrea Nahles.

Die Suche nach einem Nachfolger für den aus Altersgründen scheidenden bisherigen DGB-Vorsitzenden Reiner Hoffmann zog sich über längere Zeit. Dies lag nicht zuletzt an fehlendem Interesse der Vorsitzenden der Einzelgewerkschaften. Der DGB-Vorsitz gilt nicht als Karrieresprungbrett. Irgendwann signalisierte Vassiliadis Interesse, traf jedoch auf Widerstände. Es ist nicht überliefert, ob es Vassiliadis selbst war, der daraufhin seine eigene Lebensgefährtin für den DGB-Vorsitz ins Gespräch brachte. Offiziell schlug der Vorsitzende der IG Metall Fahimi vor. Jedenfalls wurde der Vorschlag angenommen.

Seit Fahimis Vorgänger 2014 die Leitung des Dachverbandes übernommen hatte, wurde es immer ruhiger um den DGB. Stetiger Mitgliederverlust, politische Leisetreterei und der letztlich eher an seinem eigenen Auskommen interessierte Hoffmann selbst haben den einst so mächtigen Gewerkschaftsbund an den Rand der politischen Bedeutungslosigkeit manövriert.

Die Mitgliederzahl des DGB hat sich seit Anfang der 1990er Jahre von über 12 Millionen auf nur noch 5,7 Millionen im Jahr 2021 mehr als halbiert. Fragt man Yasmin Fahimi nach den Gründen für den Niedergang der Gewerkschaften, antwortet sie ausweichend, es lägen schwierige Zeiten hinter den Gewerkschaften. Die Pandemie habe den Kontakt mit den arbeitenden Menschen erschwert. Und dann wären da noch der demografische Wandel und die mangelnde Tarifbindung seitens der Betriebe.

Mit Zurückhaltung lassen sich die anstehenden Verteilungskämpfe nicht gewinnen.

In ihren ersten Äußerungen als DGB-Chefin gab sich Fahimi noch angriffslustig. Sie brachte die Wiedereinführung der seit 1997 ruhenden Vermögenssteuer sowie eine einmalige Vermögensabgabe ins Spiel. Außerdem machte sie klar, dass es »ernste Konsequenzen« haben müsse, wenn Unternehmen die Gründung von Betriebsräten behinderten. Angesichts der Energiekrise sprach sie sich für weitergehende Entlastungen aus, Einmalzahlungen reichten nicht. Das scheint nun – im Zuge der Konzertierten Aktion und ihrer Einbindung ins Bundeskanzleramt – vergessen. Fahimi droht, als eine weitere pragmatische Verwalterin des Gewerkschaftsbundes in dessen Geschichtsbücher einzugehen.

Mit Leidenschaft die Herzen der Menschen zu erreichen, sie dazu zu bewegen, dass sie zusammenstehen und sich gegen Ungerechtigkeit zur Wehr setzen – das liegt Fahimi nicht, lag ihr noch nie. Mit ihrer eher zurückhaltenden Art erinnert sie an den spröden Machtpragmatiker Scholz. Auf diese Weise kann man vielleicht eine Regierung zusammenhalten. Aber die Verteilungskämpfe, die jetzt anstehen, lassen sich so nicht für die arbeitenden Menschen gewinnen.

Wenn Fahimi diese Aufgabe nicht ausfüllen kann, ist das aber auch nicht ihre persönliche Schuld. Es wäre vielmehr das folgerichtige Ergebnis davon, dass im DGB Personen aufgrund ihrer guten Verbindungen in die Politik in Spitzenpositionen befördert werden und nicht wegen ihrer starken Verankerung in der arbeitenden Klasse.

Hans Graudenz ist freiberuflicher Webdesigner und Verdi-Mitglied.

Das Parla der Firma

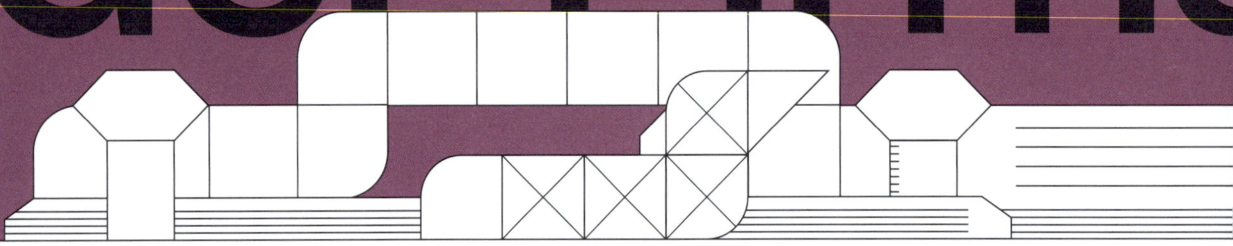

Es ist höchste Zeit für den nächsten Schritt hin zur Demokratie in der Wirtschaft, meint *Isabelle Ferreras* – und hat einen Vorschlag.

Interview von **Thomas Zimmermann**
Illustration von **Zane Zlemeša**

Isabelle Ferreras ist Professorin für Politik- und Sozialwissenschaften an der Katholischen Universität Löwen in Belgien. In ihrem Buch *Firms as Political Entities* argumentiert sie für ein neues Verständnis der Firma: Hinter dem privaten Rechtskonstrukt des Unternehmens verbirgt sich ein politischer Raum, den es zu demokratisieren gilt. Diese Forderung vertritt Ferreras auch in dem 2020 veröffentlichten Manifest *Democratize Work*, das in Zusammenarbeit mit anderen Wissenschaftlerinnen entstand. Im Interview wirft sie einen frischen Blick auf das deutsche System der Mitbestimmung und skizziert, wie die nächsten Schritte aussehen könnten.

Du hast Arbeitsumgebungen untersucht und bist zu dem Schluss gekommen, dass sich Arbeiterinnen und Arbeiter am Arbeitsplatz nicht nur als wirtschaftliche Akteure empfinden, wie es von ihnen erwartet wird, sondern auch als politische Akteure.

Das ist richtig, Menschen haben bei der Arbeit ein intuitives Gefühl für demokratische Gerechtigkeit. Und es sollte niemanden überraschen, dass Arbeiterinnen und Arbeiter ihre eigenen Vorstellungen davon haben, was im Zusammenhang mit ihrer Arbeit gerecht oder ungerecht ist, und erwarten, dass sich diese auch auf ihr Arbeitsumfeld auswirken. Schließlich ist arbeiten das, was Menschen tagtäglich tun, wenn sie einen Job haben.

Aber in den meisten Arbeitsumgebungen ist ihre Meinung nicht willkommen. Die Arbeiten-

ment

den durchleben daher, was ich den Widerspruch zwischen Kapitalismus und Demokratie nenne: Sie erwarten, als gleichberechtigte Bürgerinnen und Bürger behandelt zu werden, was natürlich der Kultur entspricht, die wir als demokratische Gesellschaften fördern. Aber gleichzeitig werden sie, sobald sie den Arbeitsplatz betreten, zu untergeordneten Agenten, von denen man nicht erwartet, dass sie sich als Gleiche in Würde und Rechten verhalten, wie es im ersten Artikel der Allgemeinen Erklärung der Menschenrechte heißt. Am Arbeitsplatz wird von den Menschen erwartet, dass sie Entscheidungen befolgen, ohne sie zu validieren; die Macht, die über sie ausgeübt wird, ist ihnen gegenüber nicht rechenschaftspflichtig.

Kannst Du ein Beispiel nennen?

Nehmen wir etwa eine ganz profane Angelegenheit wie die Organisation der Arbeitszeiten einer Belegschaft. Jede Person in einem gegebenen Arbeitsumfeld hat eine eigene Meinung dazu, wie das gerecht geregelt werden könnte, aber in den meisten Betrieben wird das nie diskutiert. Der Plan wird einfach von einem Vorgesetzten oder einer Software vorgegeben. Ich habe mir unter anderem einen Supermarkt angesehen, in dem es große Probleme mit Fehlzeiten und Personalfluktuation gab. Die Beschäftigten kamen einfach nicht zur Arbeit. Es ging schließlich so weit, dass die Geschäftsleitung eine Beratungsfirma einschaltete, die dann einen partizipativen Mechanismus entwickelte, um den Arbeitsplan zu erstellen. Man verstand jetzt, dass in diesem Supermarkt hauptsächlich Frauen arbeiteten, die alle möglichen familiären Verpflichtungen hatten. Und dass es vielleicht weniger Krankheitstage und unerwartete Abwesenheiten geben würde, wenn diese Arbeiterinnen ihre Arbeitszeiten besser an ihre anderen Aufgaben anpassen könnten.

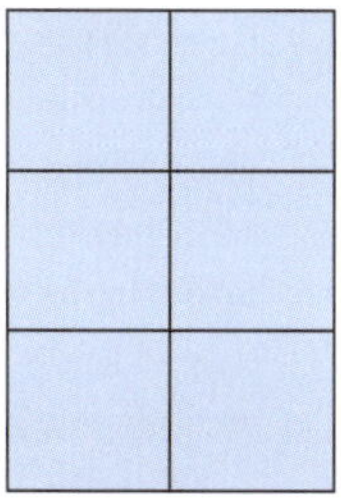

Einige der Arbeiterinnen fanden, dass das Senioritätsprinzip gelten sollte – diejenigen, die schon am längsten im Supermarkt arbeiteten, sollten ihre Arbeitszeiten als erstes wählen können. Andere meinten, dass diejenigen, die kleine Kinder hatten, Vorrang haben sollten. Wieder andere argumentierten, diejenigen, die besonders gute Arbeit leisteten, sollten bevorzugt werden. Man bekommt also eine ganze Reihe von Gerechtigkeitsvorstellungen. Und wenn man diese Deliberation klug organisiert, können die Arbeitenden eine Regelung beschließen, die dann von ihnen selbst bestimmt und nicht von der Unternehmensleitung aufgezwungen ist. So haben sie es in diesem Supermarkt gemacht – und es hat die Probleme mit der Fluktuation und den Fehlzeiten für das Unternehmen gelöst und den Beschäftigten das Leben erleichtert.

In Deutschland haben wir Betriebsräte, die sich bereits mit vielen Problemen dieser Art befassen. Das System der Mitbestimmung wird hier als Institution zweifellos geschätzt. Aber es wird selten als Türöffner einer sozialen Transformation aufgefasst – genau dafür argumentierst Du aber.

Ja, ich denke, dass die Einführung der Mitbestimmung in Deutschland nach dem Zweiten Weltkrieg ein extrem wichtiges Ereignis in der Geschichte der Wirtschaftsdemokratie gewesen ist. Denn durch sie wurde das, was ich als kollektive Investition von Arbeit durch die Beschäftigten verstehe, in der Verfassung der Firma anerkannt. Damit wurde bestätigt, dass eine Firma nicht nur durch Kapitalinvestitionen, sondern auch durch Arbeitsinvestitionen konstituiert wird. Das bedeutet aber, dass auch das Machtsystem der Firma auf Grundlage dieser beiden Faktoren errichtet werden muss.

Es gibt auch anderswo Formen von Mitbestimmung, zum Beispiel in den Niederlanden, in den skandinavischen Ländern und sogar in den USA, im Bundesstaat Massachusetts. Aber wenn man einmal von der radikalen, aber seltenen Alternative – nämlich selbstverwalteten Betrieben in Arbeiterbesitz – absieht, sind sie nirgendwo über das deutsche Modell der Mitbestimmung hinausgegangen. Dieses System wird zu häufig als so etwas wie das »Ende der Geschichte« der Arbeitsbeziehungen angesehen. Ich denke hingegen, wir sollten es im Kontext des langfristigen Projekts der Demokratisierung des Unternehmens betrachten. Und das bedeutet im nächsten Schritt, wirklich anzuerkennen, dass die Menschen, die ihre Arbeit investieren, das Recht haben sollten, der Macht ihre Zustimmung zu geben – oder sie ihr zu entziehen.

Dies ist die entscheidende Schwelle bei der Demokratisierung despotischer Gebilde. Das wissen wir aus der Geschichte der Entstehung von Zweikammersystemen: Die Regierung muss auf der Zustimmung der Regierten gründen, das heißt ihre Repräsentation gewährleisten und ihnen ein kollektives Vetorecht bei allen Entscheidungen einräumen. So sind wir vom Rom des 5. Jahrhunderts, das ausschließlich von Patriziern regiert wurde, dazu gekommen, dass auch die Plebejer eine Vertretung in Form der Volkstribunen hatten, die die Entscheidungen der Patrizier bestätigen oder ablehnen konnten. Ähnlich verlief es auch in Großbritannien, das vom König und seinen Lords regiert wurde, bis mit dem House of Commons eine Vertretung der einfachen Bevölkerung entstand, die gemeinsam mit dem House of Lords die Befugnisse des Königs autorisierte.

Das kollektive Vetorecht der Arbeitenden institutionell anzuerkennen, wäre ein großer Schritt nach vorn von der falschen Parität der deutschen Mitbestimmung. Bei dieser stellt die Arbeiterseite in großen Firmen zwar 50 Prozent der Vorstandsmitglieder, jedoch verfügt die Kapitalseite immer über eine Mehrheit von 50 Prozent plus die Vorstandsvorsitzende, die Pattsituationen zu ihren Gunsten auflösen kann. In einem Zweikammersystem hingegen würde es nicht ausreichen, wenn nur eine Arbeitervertreterin eine Entscheidung bestätigt, die ohnehin schon von der Kapitalseite getroffen wurde. Stattdessen bräuchte es bei jeder Entscheidung auf Vorstandsebene eine mehrheitliche Zustimmung der Arbeiterseite.

Wie würde ein solches Zweikammersystem aussehen?

Die Idee ist, dass man eine Generalversammlung aller Arbeitsinvestoren einberufen würde, also aller Beschäftigten, die ihre Arbeit investieren, damit die Dienstleistungen oder Produkte der Firma angeboten werden können. Diese Arbeiterversammlung hätte die gleichen Rechte wie eine Aktionärsversammlung und würde ebenso Vertreterinnen und Vertreter in den Vorstand entsenden. Dieser Vorstand würde dann aus zwei Kammern bestehen, was bedeutet, dass für eine Entscheidung auf Vorstandsebene eine Mehrheit in beiden Kammern erforderlich wäre. Das kommt einem kollektiven Vetorecht der Arbeitervertreterinnen und -vertreter gleich, denn wenn es unter ihnen keine Mehrheit für einen Vorschlag gibt, kann der Vorstand ihn nicht bewilligen.

Dabei würde es wohlgemerkt nicht nur um die Arbeitsorganisation, die Zeitplanung und dergleichen gehen, sondern um alle Entscheidungen, die auf höchster Ebene der Firma getroffen werden: welche Art von Produkten sie entwickelt, welche Strategie sie verfolgt, um ihre Geschäftsbereiche zu diversifizieren oder auf regeneratives Wirtschaften umzustellen. Dies würde das Anreizsystem und die Rechenschaftspflicht des Top-Managements völlig verändern, da die Geschäftsführerin und ihr Team ihre Pläne und Maßnahmen vor beiden Gruppen – nicht nur der Kapitalseite, sondern auch der Arbeiterseite – rechtfertigen müssten. Davon wären substanziell andere Ergebnisse zu erwarten. Wenn die Aktionärinnen und Aktionäre beispielsweise Dividenden ausgeschüttet bekommen wollen, müssen sie erst einen Deal mit den Arbeiterinnen und Arbeitern machen, der Lohnerhöhungen beinhalten könnte, die Schaffung neuer Arbeitsplätze oder Investitionen in Bereichen, die den Arbeitenden wichtig sind.

> Menschen, die ihre Arbeit investieren, sollten das Recht haben, der Macht ihre Zustimmung zu geben – oder sie ihr zu entziehen.

Würde ein solches System eher die Ideologie der Sozialpartnerschaft oder das Bewusstsein für gegensätzliche Klasseninteressen stärken?

Hier bin ich Marxistin, denn nach meinem Verständnis haben Kapital und Arbeit nicht einfach nur unterschiedliche Interessen, sondern folgen sogar ganz unterschiedlichen Rationalitäten. Während Kapitalinvestorinnen die Firma einfach nur als ein Instrument zur Erzielung von Renditen betrachten, verbinden Arbeitsinvestoren mit ihrer Arbeit einen Sinn, Werte und letztlich ein Gefühl von Gerechtigkeit. Die Aufgabe besteht nun darin, diesen Konflikt bestmöglich zu institutionalisieren, damit er produktiv wird, sowohl auf Ebene der Firma als auch bei der Veränderung der Gesellschaft als Ganzer. Ich bin also keine Anhängerin der Soziallehre der katholischen Kirche und suche mit meinem Denken nicht nach einem Weg, die Firma endlich zu einer netten großen Gemeinschaft zu machen, in der alle der gleichen Meinung sind.

Die Demokratisierung der Wirtschaft wurde oft im Kontext der Sozialisierung der Produktionsmittel vorgestellt. Wie denkst Du über diese Tradition? Übersieht sie etwas, das in einer politischen Revolution innerhalb des Unternehmen, wie sie Dir vorschwebt, besser aufgehoben wäre?

Meiner Meinung nach ist das Eigentum für die Frage der Wirtschaftsdemokratie nicht relevant, es sei denn, wir verbinden es mit den politischen Rechten, die am Eigentum hängen und die wir anfechten sollten. Wenn man einfach nur das Eigentum sozialisiert, ohne ernsthaft darüber nachzudenken, was es für eine Arbeiterin bedeutet, eine Bürgerin am Arbeitsplatz zu sein, kann dabei das demokratische Streben, das dieses Projekt antreibt, völlig verloren gehen. Die Kapitalisten durch den Staat zu ersetzen, ist nicht unbedingt ein Gewinn für die Arbeitenden. Dieser Weg des Eigentums ist mehrfach gegangen worden und die Experimente der kommunistischen Ökonomien haben gezeigt, dass er nicht unbedingt zu demokratischer Emanzipation führt. Dafür muss man den Weg der demokratischen Stimme beschreiten, auf dem man dann aber auch die Beteiligung am Eigentum angehen sollte.

Versetzt man die Arbeitenden in die Lage, ihre Firmen mitzuregieren, und tut man dies in einem kapitalistischen Kontext, dann liegt das Eigentum an Unternehmensanteilen natürlich noch in den Händen von Kapitalistinnen und Kapitalisten. Aber indem man neue politische Rechte an den Status als Arbeitsinvestorin knüpft, schränkt man die Macht des Eigentums politisch so sehr ein, dass sich wandelt, was es überhaupt bedeutet, Anteile zu besitzen. Es heißt dann nämlich nicht mehr, dass die Kapitalisten die volle Kontrolle haben und einfach Dividenden abschöpfen können, ohne mit den Arbeitenden verhandeln zu müssen.

Aber dann gibt es natürlich noch den nächsten Schritt über das Zweikammersystem hinaus, über den wir bereits nachdenken sollten, und zwar dass die Arbeitenden kollektiv den Kapitalisten ihre Anteile abkaufen – ein Übergang, der durch ein Zweikammersystem erleichtert würde. Damit entsteht dann eine Arbeiterkooperative, was die am weitesten entwickelte Form der Wirtschaftsdemokratie auf Firmenebene darstellt. Anstatt jedoch solche Kooperativen als Inseln in einem Meer aus kapitalistischen Firmen zu sehen, wie viele Leute es tun, sollten wir meiner Meinung nach einen Weg vorzeichnen, auf dem jede kapitalistische Firma dort angelangen kann.

Nach einigen Jahren der Praxis einer Zweikammerstruktur und nachdem die Kapitalistinnen gewiss eine sehr gute Rendite erzielt haben, könnten die Anteile von den Arbeitenden aufgekauft werden – und in einigen Fällen auch vom Staat, in Sektoren, in denen es sinnvoll ist, dass er Anteilseigner ist. Und die Kapitalisten könnten dann dazu übergehen, neue Unternehmen zu gründen – denn das ist es ja, worum es ihnen nach eigener Aussage immer geht: nicht etwa Renditen nachzujagen, sondern innovativ zu sein und neue Geschäftsmöglichkeiten zu finden.

> Wenn die Aktionäre Dividenden ausgeschüttet bekommen wollen, müssen sie erst einen Deal mit den Arbeiterinnen machen.

Was wäre nötig, um dieses Konzept in die Tat umzusetzen? Wie viel davon ist eine Frage der Regierungspolitik und wie viel hängt von den Arbeitskämpfen der Beschäftigten und ihrer Gewerkschaften ab?

Ich denke, dieser Wandel wird nur dann stattfinden, wenn die Gewerkschaften eine klare Führungsrolle übernehmen. Die Geschichte zeigt, dass die Gewerkschaften die legitime Vertretung der Arbeitenden sind. Sie waren in der Vergangenheit und sind auch heute getrieben von dem Streben nach politischer Mitsprache in der Wirtschaft. Und ich hoffe sehr, dass die Gewerkschaften angesichts der Situation, in der wir uns heute befinden, immer fordernder auftreten werden.

Was die Politik betrifft, sehe ich sehr gern, was gerade auf europäischer Ebene geschieht. Im Dezember 2021 hat das Europäische Parlament einen Entschluss für »mehr Demokratie am Arbeitsplatz« verabschiedet und jetzt laufen wichtige Verhandlungen darüber, wie die Richtlinie für den Europäischen Betriebsrat überarbeitet werden soll.

Nach meinem Verständnis stellen die Betriebsräte bereits eine solche zweite Kammer dar, nur dass sie längst nicht über genügend Rechte verfügen. Aber wenn wir wollen, dass die Arbeitenden über Gewerkschaftslisten gewählte Vertreterinnen und Vertreter in eine Kammer entsenden können, in der sie über die Strategie der Firma diskutieren, dann existiert diese Institution in Grundzügen bereits. Mehr als 1.000 der beschäftigungsstärksten Firmen, die in der EU tätig sind, haben bereits einen Europäischen Betriebsrat. Das Problem ist, dass er ein rein konsultatives Organ ist. Die Institution ist da, aber sie hat nicht genug Macht. Wir müssen das begreifen und ihr Rechte auf der Ebene der strategischen Entscheidungsfindung in den Firmen einräumen.

Viele Menschen machen sich gerade Sorgen, ob sie ihre Rechnungen bezahlen können. Würdest Du sagen, dass die Demokratisierung der Wirtschaft in solchen Krisenzeiten eine taugliche Forderung ist, oder ist das eher etwas für ruhigere Zeiten?

Ich denke, es ist eindeutig eine Forderung für turbulente Zeiten – vor allem, weil die Demokratisierung der Firmen ein wichtiger Schritt wäre, um die Krise der Lebenshaltungskosten im Sinne prädistributiver Gerechtigkeit zu adressieren. Wir sehen, dass das Ausmaß der Ungleichheit, in das wir hineingeraten, absolut unhaltbar ist. Und eine viel gleichmäßigere Verteilung der Gewinne bereits auf der Ebene der Produktion wäre eine wirksame Maßnahme gegen die derzeitigen Ungleichheiten.

Und darüber hinaus haben wir Grund zur Hoffnung, dass der Staat durch die Einbettung der Firmen in die demokratische Architektur der Gesellschaft viel besser in der Lage wäre, durch Steuern umzuverteilen. All die Tricks, die Kapitalisten anwenden, um Steuern zu vermeiden und die Macht des Staates zu schmälern, könnten wir durch die Demokratisierung der Firmen aus dem Weg räumen. Dies ist auch der realistischste Weg, um den Planeten zu retten: Nur wenn wir zwischen Staat und demokratisierten Firmen ein Verhältnis etablieren, das für beide Seiten vorteilhaft ist, werden wir in der Lage sein, die Wirtschaft in Einklang mit den planetaren Grenzen zu bringen. Denn die Arbeitenden als Bürgerinnen und Bürger werden verstehen, dass die Firma, für die sie arbeiten, eine positive Kraft in der Gesellschaft sein sollte. 𝔍

DIE INTERNATIONALE

Nairobi, Kenia

Artikel 1:
Hustler Nation

Santiago, Chile

Artikel 2:
Nicht zu links, aber zu identitär

Tokio, Japan

Artikel 3:
Den religiösen Sekten ausgeliefert

Hustler Nation

William Ruto ist auf einer populistischen Welle ins Präsidentenamt geritten. Nun will er Kenia die geopolitische Vorherrschaft in Ostafrika sichern.

Text von **John-Baptiste Oduor**, Übersetzung von **Astrid Zimmermann**

Nach seinem umstrittenen Wahlsieg hielt der kenianische Präsident William Ruto am 29. September seine Antrittsrede vor dem Parlament. Ruto wiederholte, was er schon im Wahlkampf versprochen hatte, nämlich, dass er seine Amtszeit nutzen würde, um Kleinunternehmern, Straßenhändlerinnen, Friseuren und Verkäuferinnen zu helfen. Denn sie seien es, die Kenia zu einer Nation von »Hustlern« – also von eigenverantwortlichen, hart arbeitenden Aufsteigern – machten. Die Schubkarre eines Tagelöhners ist das Symbol von Rutos Partei United Democratic Alliance, ihr Wahlslogan lautet »Kazi ni Kazi« – wörtlich »Arbeit ist Arbeit«, soll heißen: Sei für jeden Job bereit.

Die Glorifizierung des Arbeitseinsatzes des kleinen Mannes ist an die Ausweitung des kenianischen Finanzsektors gebunden, den Ruto durch Deregulierung zu stärken versucht. Ein neues Privatisierungsprogramm soll es seiner Regierung außerdem ermöglichen, bis zu zehn staatliche Unternehmen an einer der größten afrikanischen Wertpapierbörsen, der Nairobi Securities Exchange (NSE), zu notieren.

Das ist nur ein Ausschnitt der umfangreichen Pläne Rutos, mit denen er die Kapitalmärkte ankurbeln will. Die vielen Genossenschaften und Kleinunternehmen des Landes ermutigte er dazu, an die Börse zu gehen, um den Marktwert der NSE zu erhöhen, der zwischen Januar und September dieses Jahres um 17 Prozent abstürzte. Auch deutete er an, dass seine Regierung bei säumigen Steuerschulden ein Auge zudrücken würde.

Neben einer Modernisierung des kenianischen Kapitalismus gemäß neoliberalen Prinzipien, ist es Rutos erklärte Absicht, Kenia die geopolitische Vorherrschaft in Ostafrika zu sichern. Außenpolitisch hat er zugesichert, Kenias Rolle als Polizist der Region aufrechtzuerhalten und den globalen »Krieg gegen den Terror« an der ostafrikanischen Flanke auszufechten. Unter anderem wird der dazu die Militäroperationen in Somalia fortsetzen. Kenia hat dort seit 2011 Truppen stationiert, um die islamistische Al-Shabaab-Miliz zu bekämpfen. Wenige Tage nach seinem Amtsantritt kündigte Ruto außerdem an, dass er zusätzlich zu den Truppen der Vereinten Nationen und der Ostafrikanischen Gemeinschaft (EAC) weitere kenianische Soldaten in die Demokratische Republik Kongo entsenden würde, um die regionale Terrorgruppe Bewegung 23. März (M23) zu bekämpfen. Auch Äthiopien versprach er militärische Unterstützung, um den Tigray-Konflikt zu lösen.

Die Verherrlichung des Kleinunternehmertums, die Stärkung der Kapitalmärkte und die militaristische Außenpolitik des neuen Präsidenten kommen im Ausland gut an. Der *Economist* reagierte auf den Sieg Rutos – der noch

> Der Wahlslogan von Rutos Partei lautet »Kazi ni Kazi« – wörtlich »Arbeit ist Arbeit«, soll heißen: Sei für jeden Job bereit.

vor einigen Jahren vor dem Internationalen Strafgerichtshof angeklagt wurde, weil man ihm vorwarf, die ethnisch motivierten Gewaltexzesse von 2007 angestachelt zu haben – mit einer Mischung aus »Hoffnung und Besorgnis«. Sein wirtschaftsfreundlicher Kurs, mit dem er zur Wahl angetreten war, biete Anlass zur Hoffnung, da er die kenianische Gesellschaft weniger durch die Linse ethnischer Zugehörigkeit und eher aus klassenpolitischer Perspektive betrachten würde. Besorgt sei man hingegen aufgrund seiner antidemokratischen Tendenzen, die er in den 2000er Jahren an den Tag gelegt hatte.

Publikationen wie der *Economist* übersehen jedoch, dass Ruto sich als ausdrücklicher Verfechter eines ethnischen Chauvinismus einen Namen gemacht hat. Kampagnen, die für eine Verfassungsreform warben, die die Macht der Exekutive geschwächt und Kenia stärker föderalisiert hätten, lehnte er vehement ab. Sein Gegenargument: Dahinter stecke eine Verschwörung, die den Kalendschin – der ethnischen Gruppe, der auch er selbst angehört – ihre Rechte über das Rift-Tal nehmen wolle. Nachdem im Zuge der gewalttätigen Ausschreitungen nach den Wahlen von 2007 eine Gruppe von 35 Menschen, die überwiegend zum Volk der Kikuyu gehörten, in einer Kirche im Rift-Tal lebendig verbrannt wurden, behauptete Ruto, sie seien durch ein »versehentliches Küchenfeuer« gestorben.

Nachdem eine Gruppe von 35 Menschen, die überwiegend zum Volk der Kikuyu gehörten, in einer Kirche im Rift-Tal lebendig verbrannt wurden, behauptete Ruto, sie seien durch ein »versehentliches Küchenfeuer« gestorben.

Auch wenn Ruto im Wahlkampf eine vereinende Agenda vertrat, so war seine Kampagne doch nicht frei von fremdenfeindlichen Äußerungen. Er versprach etwa, chinesische Arbeiterinnen und Arbeiter abzuschieben und gegenüber ihrem Herkunftsland, dem größten Gläubiger Kenias, einen harten Kurs zu fahren. Erst nachdem Ruto einen großen Infrastrukturkredit nicht zurückzahlen konnte, schlug er gegenüber der zweitgrößten Volkswirtschaft der Welt und ihren in Kenia lebenden Bürgerinnen und Bürgern versöhnlichere Töne an.

Rutos Behauptung, er vertrete die Interessen der geknechteten Kleinunternehmer, sollte man dennoch ernst nehmen. Diese sind Teil des Versuchs, in Kenia ein Wachstumsmodell zu etablieren, das von einer Allianz aus internationalem Finanzkapital und den vielen informell Beschäftigten, die als Kleinunternehmerinnen ihren Lebensunterhalt verdienen, zusammengehalten wird.

Ökonomische Zwänge

Rutos Fokus auf das Kleinunternehmertum spiegelt die demografische und politische Realität des Landes wider. Seit der Unabhängigkeit Kenias ist seine Bevölkerung von 8,6 Millionen Menschen im Jahr 1962 auf heute 53,8 Millionen angewachsen. Das Zusammenspiel von rasantem Bevölkerungswachstum und schwachem Wirtschaftswachstum hat dazu geführt, dass sich die informelle Ökonomie stärker entwickelte als die formelle Wirtschaft, die eher kapital- als arbeitsintensiv ist. Seit der kenianischen Unabhängigkeit schwankte das Wirtschaftswachstum zwischen einem Höchststand von 6,6 Prozent, der in den Jahren 1964–72 erreicht wurde, und mageren 2,4 Prozent in den Jahren 1990–2002. Doch das allein erklärt noch nicht das Ausmaß des informellen Sektors in Kenia.

Für die längste Zeit der Geschichte des Landes war der Anteil der informell Beschäftigten relativ niedrig und belief sich auf weniger als 10 Prozent. Anfang der 1990er Jahre stieg ihr Anteil dramatisch an und ist seitdem weiter gewachsen. Laut Schätzungen eines Berichts aus dem Jahr 2021 stammen 32 Prozent des kenianischen Bruttoinlandprodukts aus dem informellen Sektor. Eine andere Studie errechnete, dass rund 80 Prozent der informellen Betriebe keine Steuern zahlen. Rutos Wahlkampf zielte auf einen Kompromiss mit diesen Kleinunternehmern ab: Im Gegenzug für die wirtschaftliche Formalisierung – die er in seiner Antrittsrede euphemistisch als Entkriminalisierung bezeichnete – würde er den Kleinunternehmerinnen Zugang zu erschwinglichen Krediten verschaffen.

Die Umsetzung seines Programms wird jedoch weitaus schwieriger werden, als sein großspuriges Gerede vermuten lässt. Sobald die neue Regierung an der Macht ist, wird sie an die Grenzen stoßen, die ihr durch das schleppende Wirtschaftswachstum und die geringen Steuereinnahmen gesetzt sind. Rutos außenpolitische Kehrtwende in Bezug auf China ist ein erstes Anzeichen dafür, dass er sich trotz seines populistischen Versprechens, Kenia zu einer »Nation von Hustlern« zu machen, mit den realen wirtschaftlichen Zwängen arrangiert.

Dementsprechend hat Ruto auch die äußerst populären Kraftstoffsubventionen seines Vorgängers Uhuru Kenyatta abgeschafft, da er richtig erkannte, dass sie angesichts der weltweiten Knappheiten untragbar sind. Als Ersatz hat er eine bescheidene Düngemittelsubvention eingeführt, von der er sich eine Steigerung der landwirtschaftlichen Produktivität erhofft. Der Agrarsektor macht den größten Teil der kenianischen Wirtschaft aus und sein Wachstum ist in den letzten beiden Quartalen zurückgegangen. Die Stärke des US-Dollars und die steigenden Zinssätze der Federal Reserve begrenzen die Importrate und die Schuldenfinanzierung, was die Kosten für Rohstoffe sowie Zins- und Tilgungszahlungen in die Höhe treiben wird.

Die Dürren, die Teile Kenias und das Horn von Afrika erlebten – die schlimmsten seit vierzig Jahren – werden die Regierung zusätzlich unter Druck setzen. In einer Rede, die Ruto kürzlich vor den Vereinten Nationen hielt, bat er die Mitgliedstaaten um Unterstützung bei der Bewältigung der Folgen des Klimawandels. Die Trockenheit, die in den letzten zehn Jahren in einigen Regionen Kenias zur Normalität geworden ist, kann nicht länger als Ausnahmeerscheinung behandelt werden. Die Kosten, die sie verursacht, müsste seine Regierung möglicherweise durch Kürzungen in anderen wichtigen Bereichen wie der Gesundheit oder der Bildung finanzieren, erklärte Ruto in einem Interview.

Das verdeutlicht, dass Rutos Regierung eine Politik der Austerität und Privatisierung verfolgen wird. Die Inflation, die in Kenia im letzten Jahr auf 7,7 Prozent geklettert ist, wird weiteren Druck auf die Lebensumstände ausüben und könnte ähnliche Unruhen auslösen wie in anderen Ländern des Globalen Südens. In Ermangelung einer nennenswerten linken Opposition ist die entscheidende Frage für die Zukunft, wie Ruto – der für seinen Autoritarismus bekannt ist – auf solche potenziellen Ausschreitungen reagieren wird.

John-Baptiste Oduor ist Editor bei der US-Ausgabe von *JACOBIN*.

Nicht zu links, aber zu identitär

In Chile sollte eine neue Verfassung das Erbe Pinochets brechen. Doch Millionen von Menschen, die durch sie ermächtigt werden sollten, lehnten den Entwurf ab.

Text von **René Rojas**, Übersetzung von **Thomas Zimmermann**

Chile hat seine seltene Gelegenheit für einen grundlegenden Wandel verpasst. Nachdem ein Massenaufstand die Politik gezwungen hatte, auf die Forderung nach einem Verfassungskonvent einzugehen und eine neue Linke die Präsidentschaft errang, stimmten die Chileninnen und Chilenen am 4. September 2022 entschieden gegen die neue Verfassung, die als die progressivste der Welt galt. Das Referendum fiel auf denselben Kalendertag, an dem das Land einst für Salvador Allendes Weg zum Sozialismus gestimmt hatte.

Bis vor kurzem schien es noch so, als habe sich die chilenische Bevölkerung einem radikalen Reformkurs zugewandt. Nachdem sie gegen den Neoliberalismus rebelliert hatte, forderte sie in einem Plebiszit im Oktober 2020 mit überwältigender Mehrheit, dass eine völlig neu gewählte Versammlung ihre Verfassung neu schreiben sollte. Ein trotziger Optimismus hielt noch Monate später an, als die neu gegründete Wahlkoalition Apruebo Dignidad von Gabriel Boric, der bald darauf Präsident werden sollte, bei den Wahlen zum Verfassungskonvent fast ein Fünftel der Stimmen erhielt und eine Gruppe von Autonomen, die an vorderster Front des Aufstands Berühmtheit erlangt hatten, sechs weitere Sitze gewann.

Seitdem ist die gute Stimmung abgeflaut. Zwar trug Boric bei der Stichwahl einen klaren Sieg davon, jedoch war er im ersten Wahlgang mit nur 25 Prozent auf Platz zwei gelandet. Da seine Zustimmungswerte kurz nach seinem Amtsantritt als Präsident einbrachen, galt die neue Verfassung als entscheidend für sein Reformprogramm. Wie kommt es, dass Chiles politische Revolution auf einmal in Gefahr ist?

Wer ist schuld?

Viele Kommentatorinnen und Politiker sehen das Scheitern in der übermäßigen Radikalität des Konvents, des Entwurfs und der regierenden Linkskoalition begründet. Stimmen aus dem Establishment behaupten, die Ablehnung beweise, dass die Chileninnen und Chilenen ein politisch gemäßigtes Volk seien und zum seit 1990 herrschenden progressiven Neoliberalismus zurückkehren wollten. Aktivistinnen der neuen Linken beteuern hingegen, dass eine tendenziöse Gegenkampagne sie daran gehindert habe, die Vorzüge der neuen Verfassung richtig zu vermitteln. Die Einmischung von Millionären, Panikmache und Fake News hätten die Menschen daran gehindert, ihren Interessen entsprechend zu entscheiden.

Beide machen letztlich die einfache Bevölkerung für die Niederlage verantwortlich – die einen lobend, die anderen verurteilend. Aber sie liegen beide falsch. Sie übersehen die wahren Ursachen der Niederlage, die eigentlich offensichtlich sind: Millionen von politisch und organisatorisch ungebundenen Menschen waren dazu verpflichtet, ihre Stimme abzugeben – und dass die Linke einem Sammelsurium identitätspolitischer Anliegen den Vorrang vor klassenübergreifenden materiellen Rechten einräumte, verstärkte bloß das Misstrauen der arbeitenden Menschen, die von Jahrzehnten neoliberaler Schocks gebeutelt sind.

Die Verfassung war nicht »zu links«. Vielmehr idealisierte sie partikularistische Ansichten und Anliegen, die schon viel zu lange als radikale Politik präsentiert werden. Und dieser »Radikalismus« untergräbt eine effektivere, an der arbeitenden Klasse orientierte Politik, die auf universalistische Reformen mit breiter Anziehungskraft setzt.

Die Chileninnen und Chilenen sind auch nicht von Natur aus konservativ oder unfähig, ihre Interessen zu erkennen. Die universalistischen sozialen Rechte, die in dem Entwurf enthalten waren, wurden von zahlreichen Sonderrechten für besonders benachteiligte Gruppen übertönt. Da ahnten viele Menschen zurecht, dass diese Verfassung ihren Interessen nicht angemessen Rechnung tragen würde. Ein Teil der Verwirrung und des Zweifels, die von den Eliten und der alten politischen Klasse ausgenutzt wurden, wurde von vielen Radikalen selbst verursacht, nicht durch »Desinformation«.

> Stimmen aus dem Establishment behaupten, die Ablehnung beweise, dass die Chileninnen und Chilenen ein politisch gemäßigtes Volk seien und zum seit 1990 herrschenden progressiven Neoliberalismus zurückkehren wollten.

Die Arbeitenden haben mehr als ein Jahrzehnt damit verbracht, die nötige soziale Macht aufzubauen, um grundlegende Reformen zu erreichen. Es versteht sich von selbst, dass mächtige gesellschaftliche Kräfte gegen diesen Prozess auf den Plan getreten sind. Aber wenn sich den Arbeitenden eine so einmalige Gelegenheit bietet, darf die Linke sie nicht verspielen.

Aus 341 mach 8

Verglichen mit dem Plebiszit von 2020 war der Ausgang des Verfassungsreferendums verheerend. Damals stimmten 78 Prozent für eine neue Verfassung, diesmal nur noch 38 Prozent. 2020 stimmten 341 von 346 Gemeinden dafür, im September waren es nur noch acht, von denen fünf in der tendenziell linkeren Hauptstadtregion liegen und zwei auf Inseln im Pazifik mit weniger als 6.500 Wählerinnen und Wählern.

Von den konservativen Gemeinden in der Provinz hatte man erwartet, dass sie mit *rechazo* (Ablehnung) stimmen. Und tatsächlich traf der Entwurf in Dutzenden dieser Gemeinden auf eine Ablehnung von rund 80 Prozent. Die Gemeinden in Santiago hingegen hätten nach 2020 zu urteilen einen großen Sieg für *apruebo* (Zustimmung) einfahren müssen. Stattdessen stimmte der Großraum Santiago zu 55 Prozent für *rechazo*. Die Region Valparaíso, in der die gleichnamige Hafenstadt mit ihrer großen Arbeiterklasse liegt, stimmte noch deutlicher dagegen. Der große Widerstand gegen den Entwurf in diesen beiden Regionen, in denen etwa die Hälfte der chilenischen Wählerschaft lebt, besiegelte sein Schicksal.

Der Anteil der Stimmen für eine neue Verfassung ist durch die Bank stark gesunken. 2020 stimmten mit Ausnahme der drei wohlhabendsten Gemeinden in Santiago alle eindeutig für eine neue Verfassung, die meisten mit 60 bis 80 Prozent – darunter vier Mega-Gemeinden von 200.000 bis 400.000 Menschen, die für sich schon wahlentscheidend sein können. Diesmal fielen nur zwei Gemeinden deutlich für *apruebo* aus, und keiner von beiden mit mehr als 10 Prozent Abstand. Alle anderen lieferten ein knappes Ergebnis oder fielen deutlich für *rechazo* aus, zehn Gemeinden sogar mit über 20 Prozent Abstand.

Dieses Mal folgten die meisten Gemeinden den drei wohlhabenden Ausreißern, die den verfassungsgebenden Prozess 2020 abgelehnt hatten – den berüchtigten *comunas del rechazo*. Bei näherer Betrachtung zeigt sich jedoch, dass der Umschwung nicht an einem Rückgang der Stimmen für *apruebo* lag. Denn deren Zahl ging nur geringfügig zurück. Doch es reichte nicht, lediglich die Unterstützung von 2020 aufrechtzuerhalten, da das Wahlgesetz geändert wurde, um eine größere Wahlbeteiligung zu erzielen.

> 2020 stimmten beim Plebiszit 78 Prozent für eine neue Verfassung, diesmal nur noch 38 Prozent.

Bei dieser Wahl galten erstmals automatische Registrierung und Wahlpflicht. Das brachte eine beträchtliche Zahl von Nichtwählerinnen an die Wahlurnen. Die Linken hofften, dass dies arme und junge Menschen mobilisieren würde, von denen man erwarten konnte, dass sie mit der neuen Verfassung sympathisieren. Eine höhere Wahlbeteiligung, so glaubten sie, würde insbesondere in den größten und dichtesten Gemeinden von Santiago Wirkung zeigen. Nachdem am Donnerstag vor dem Referendum eine halbe Million Menschen an der Abschlusskundgebung der *Apruebo*-Kampagne teilgenommen hatten, ging man optimistisch davon aus, dass die Umfragen Teile der Unterstützung nicht erfasst hatten und die Arbeiterviertel der Hauptstadt den entscheidenden Unterschied machen würden. Stattdessen stieg die Wahlbeteiligung zwar auf ein historisches Niveau, begünstigte aber letztendlich *rechazo*.

Im Laufe von Chiles post-autoritärer Geschichte ist die Wahlbeteiligung von 95 Prozent im Jahr 1989 auf 47 Prozent im Jahr 2017 gesunken. Beim Referendum von 2020 erholte sie sich leicht auf 55,5 Prozent. Dieses Mal stieg sie wieder auf 88 Prozent an. Insgesamt haben 13 Millionen Chileninnen und Chilenen ihre Stimme abgegeben, so viele wie nie zuvor.

Doch während die Stimmen für *apruebo* leicht zurückgingen, hat sich das *Rechazo*-Lager durch die Mobilisierung vormaliger Nichtwähler von 1,6 auf 7,9 Millionen Stimmen fast verfünffacht. Seit der Re-Demokratisierung hatte kein Wahlsieger auch nur die Fünf-Millionen-Marke geknackt. Zum Vergleich: Als sich in der letztjährigen Stichwahl ein breites Spektrum gegen den rechtsautoritären Kandidaten José Antonio Kast mobilisierte, erhielt Boric 4,6 Millionen Stimmen.

Die Rekordbeteiligung lässt keinen Zweifel: Als die Menschen, die am stärksten von der Politik entfremdet sind, zu den Urnen gebeten wurden, sagte die schweigende Mehrheit größtenteils aus der Arbeiterklasse stammender Chileninnen und Chilenen nein zur vorgeschlagenen Verfassung. Millionen von Menschen, die durch die neue Verfassung ermächtigt werden sollten, lehnten den Entwurf ab.

Gegen die Radikalen, nicht gegen radikale Reform

Es lässt sich nicht leugnen – das massive *Rechazo*-Votum bedeutet eine überwältigende Ablehnung der vielen inzwischen berüchtigt gewordenen Paragraphen, die vor allem moralische Korrektheit signalisieren sollten und den Entwurf dominierten. Das bedeutet jedoch nicht, dass die darin enthaltenen sozialen Rechte auch abgelehnt wurden. Zurückgewiesen wurden ihre identitätspolitischen Ausschmückungen sowie deren selbstgefällige Verfasserinnen und Verfasser.

40 Prozent der Menschen, die mit rechazo stimmten, gaben an, den Abgeordneten zu misstrauen. Dagegen befürchteten nur 13 Prozent, dass die Paragraphen über die öffentliche Gesundheitsversorgung, das Bildungssystem, die Renten und den Wohnungsbau die individuelle Freiheit oder die Eigentumsrechte beschneiden würden. Die moralisierende Verteidigung aller möglichen identitätspolitischen Anliegen, die einen Großteil der Beratungen des Konvents kennzeichnete und mit der die Linke in den Wahlkampf zog, machte die Mehrheit der Arbeitenden skeptisch gegenüber diesem neuen Linksradikalismus. In einer Selbstkritik nach der Niederlage sprach ein Delegierter aus dem autonomistischen Lager von einer »Reihe von Performances, die der Glaubwürdigkeit der Institution geschadet haben«. Ob nun zu Recht oder nicht – klar ist, dass die arbeitenden Menschen diesen Leuten und ihren Prioritäten nicht trauten.

Die Chileninnen und Chilenen rebellierten 2019 gegen die Unsicherheit, die der brutale Arbeitsmarkt und die Kommerzialisierung sozialer Güter und Dienstleistungen verursacht haben. Als sie 2020 mit großer Mehrheit dafür stimmten, die marktliberale Verfassung, die der Militärdiktatur entstammte, zu ersetzen, forderten sie – wie implizit auch immer – grundlegende Garantien für eine allgemeine Gesundheitsversorgung, würdige Renten, kostenlose und hochwertige Bildung, existenzsichernde Löhne und Arbeitsschutz sowie öffentliche Güter wie sauberes Wasser.

Diese Rechte fanden zwar Eingang in den Entwurf, wurden aber von allgegenärtigen Erklärungen zu Paragraphen über Geschlechter, indigene Gemeinschaften und Umweltfragen überschattet. Die übermäßige Betonung von Sonderrechten für unterdrückte und marginalisierte Gruppen – und abstrakten Begrifflichkeiten, die im akademischen Umfeld und in NGOs üblich, der einfachen Bevölkerung aber fremd sind – machte es schwieriger, die armen und arbeitenden Menschen davon zu

> **Als sich Fake News verbreiteten, steigerte die Linke ihr Moralisieren in eine frenetische Zurückweisung »postfaktischer Politik«.**

überzeugen, dass die Verfassung ihren Grundbedürfnissen Rechnung tragen würde.

Zwei Monate vor der Abstimmung war eine Mehrheit der Meinung, dass die Delegierten dem »Feminismus« und der »Plurinationalität« (der Anerkennung indigener Nationalitäten innerhalb des chilenischen Staates) zu viel und der Gesundheitsversorgung, der Bildung und dem ökonomischen Wohlergehen zu wenig Aufmerksamkeit geschenkt hätten. Es ist aber nicht so, dass die Chileninnen und Chilenen etwas gegen die Gleichstellung der Geschlechter und die Rechte der Indigenen hätten. Immerhin begrüßten sie die Geschlechterparität und die Quoten für Indigene, die 2020 in der Forderung nach einem Verfassungskonvent enthalten waren. Vielmehr fanden Millionen von Menschen, dass der Konvent und sein Entwurf die grundlegenden Forderungen der Rebellion vernachlässigten. Die extreme Schlagseite der politischen Kommunikation hat also den falschen Eindruck verstärkt, allgemeine Rechte und Sonderrechte unterdrückter Gruppen würden einander ausschließen.

Obwohl das Misstrauen merklich zunahm, hat die neue Linke nicht angemessen reagiert. Sie ging davon aus, dass die 80 Prozent Zustimmung von 2020 einen erneuten Sieg 2022 so gut wie sicher machten. Bis Anfang des Jahres, kurz nach Borics Wahlsieg, unterstützte noch eine Mehrheit den Prozess. Doch die rebellische und optimistische Stimmung des Jahres 2019 begann sich zu verflüchtigen, als die neue Linke die Aufgabe übernahm, die Beschwerden der Menschen in überzeugende Politik umzusetzen. Corona schlug zu, Wirtschaft und Beschäftigung brachen ein, und immer mehr Menschen litten unter Kriminalität und Gewalt. Als die Zweifel wuchsen und die Opposition gezielte Angriffe auf die neue Regierung und den Konvent startete, gingen die Zahlen für *apruebo* stetig zurück.

Anstatt die Aufmerksamkeit auf die allgemeinen sozialen Rechte des Entwurfs umzulenken, ließ die Linke zu, dass ihre Gegner die Debatte bestimmten. Als sich Fake News verbreiteten, steigerte sie ihr Moralisieren in eine frenetische Zurückweisung »postfaktischer Politik«. Als die Rechten die radikalen Extravaganzen des Konvents angriffen, betonte die Linke nicht die demokratisch-sozialistischen Elemente der Verfassung, sondern unterstrich stattdessen die Priorität identitärer Anliegen. Als die Rekordinflation die Haushalte belastete, die ansteigende Kriminalität die bestehende Verzweiflung und Unsicherheit noch verschlimmerte und in den indigen geprägten Regionen im Süden Gewalt ausbrach, ging dieser »Radikalismus« über in eine Darbietung moralischer Überlegenheit – genau das Gegenteil von dem, was die meisten Menschen wollten.

In jüngsten Umfragen gibt die Mehrheit der *Apruebo*-Wählerinnen und -Wähler »soziale Rechte in den Bereichen Bildung, Gesundheit und Wohnen« und notwendigen »strukturellen Wandel« als Hauptgründe für ihre Stimmabgabe an. Dagegen stimmte nur einer von zehn Menschen für eine »feministische und ökologische Verfassung« oder einen dezentralisierten Staat und nur einer von 25 gab an, mehr Autonomie für die indigenen Völker zu wollen. Auf der anderen Seite nannte ein großer Teil der Rechazo-Wählerinnen und -Wähler die allgemeine Unsicherheit und die Autonomie für die Indigenen als Hauptgründe ihrer Ablehnung des Entwurfs.

Diese Ablehnung sollte jedoch nicht als Indikator eines weitverbreiteten Rassismus gedeutet werden. Das moralistische Eintreten der Linken für indigene Rechte traf nämlich nicht nur bei der Mehrheit der Nicht-Mapuche auf Misstrauen. Die Gemeinden mit dem höchsten Anteil an Indigenen blieben ebenfalls unbeeindruckt. In Lumaco, wo die Hälfte der Bevölkerung Mapuche sind, stimmten 80 Prozent mit *rechazo*. In Alto Biobío, wo die Gemeinden gegen Megastaudämme kämpften, leben zu 85 Prozent Mapuche, doch nur 28 Prozent stimmten für die Verfassung. Es zeigt sich, dass die plurinationale Anerkennung und die kulturellen Rechte selbst für diejenigen, denen sie zugute kommen sollen, nicht die obersten Prioritäten sind. Die indigenen Chileninnen und Chilenen wollen, wie auch alle anderen, vor allem physische und materielle Sicherheit.

Die Ablehnung der Mapuche unterstreicht, dass der breite Widerstand gegen den heutigen Radikalismus nicht einfach in der Feindseligkeit gegenüber den Rechten von Indigenen begründet liegt. Vielmehr sind die Menschen – Mapuche und Nicht-Mapuche gleichermaßen – skeptisch gegenüber gruppenspezifischen Sonderrechten, wenn sie das Gefühl haben, dass diese die gemeinsamen Forderungen verdrängen. So sehr die Chileninnen und Chilenen historische und aktuelle Un-

> **Das moralistische Eintreten der Linken für indigene Rechte traf nicht nur bei der Mehrheit der Nicht-Mapuche auf Misstrauen. Die Gemeinden mit dem höchsten Anteil an Indigenen blieben ebenfalls unbeeindruckt.**

gerechtigkeiten auch anerkennen, werden sie moralisch begründete Bestimmungen ablehnen, wenn diese ihre unbefriedigten Grundbedürfnisse in den Schatten zu stellen scheinen. Die Menschen stellen ihr materielles Wohlergehen also nicht gegen die Rechte von Indigenen – wohl aber gegen radikales Moralisieren.

Tief zerrüttet

Die Unfähigkeit der neuen Linken, ein klares sozialistisches Programm zu formulieren, und ihr Versäumnis, den Kurs zu korrigieren, als der Universalismus die letzte Hoffnung auf einen Sieg war, haben tiefere Ursachen. Man darf nicht vergessen, dass der Aufstieg der neuen Linken über die letzten vier Jahrzehnte unter Bedingungen des Neoliberalismus stattfand.

Die brutale Expansion des freien Marktes politisierte die chilenische Bevölkerung in ganz anderer Weise als die Bedingungen, aus denen Allendes Weg zum Sozialismus hervorging. Der Entwicklungskapitalismus der Mitte des 20. Jahrhunderts half dabei, die Arbeitenden in ein gemeinsames Programm materieller Reformen einzubinden. Der neoliberale Kapitalismus hingegen hat die Armen und Arbeitenden aus der Politik ausgeschlossen, sie zerstreut und ihre Beschwerden fragmentiert.

Die negativen Folgen des Neoliberalismus für populäre Politik sind zum Teil darauf zurückzuführen, wie er sich auf die wachsenden Massenbewegungen ausgewirkt hat. Die Desintegration der Industrie und die Umstrukturierung der Landwirtschaft zerstreuten die arbeitende Bevölkerung und konfrontierten sie mit unzähligen Herausforderungen in verschiedenen Bereichen. Die Fragmentierung und Marginalisierung der Arbeiterschaft strukturierte auch die sozialen Missstände entlang dieser Achsen.

Wo der Widerstand kollektive Form annahm, zielte er auf spezifische Themen. Schülerinnen und Schüler rebellierten gegen die Verschlechterung des öffentlichen Schulsystems und die steigende Verschuldung; ältere Menschen protestierten gegen ihre zu geringen privaten Renten; arme Stadtteile organisierten sich gegen die Umweltverschmutzung; Frauen kämpften gegen Gewalt, Belästigung und Unsicherheit; und indigene Gruppen wehrten sich gegen Übergriffe auf ihre Gebiete.

Lokale Kämpfe bauten allmählich die organisatorischen Grundlagen auf, die schließlich eine Massenmobilisierung trugen. Die wachsenden Organisationen konzentrierten sich jedoch weiterhin auf spezifische Themen und wuchsen nie mit den wiedererstarkten Arbeitskämpfen zusammen. Infolgedessen überschatteten die geschlechtsspezifischen, ethnischen und ökologischen Forderungen der Bewegungen weiterhin systemweite Reformprogramme.

Der Neoliberalismus beeinflusst die öffentliche Meinung auch durch seine direkten Auswirkungen auf die persönlichen politischen Einstellungen. Die Atomisierung der Gesellschaft führt dazu, dass Arbeitende ihrer wirtschaftlichen Unsicherheit durch individuelles Handeln beizukommen versuchen, und stärkt das Misstrauen gegenüber öffentlichen Diensten und Gütern. Gleichzeitig trennte die neoliberale Wende die einfache Bevölkerung von den Strukturen des staatsbürgerlichen und parteipolitischen Lebens. In Chile sind die meisten arbeitenden Menschen seit Jahrzehnten von der organisierten Auseinandersetzung um öffentliche Angelegenheiten abgeschnitten.

Der jahrzehntelange Aufschwung der Proteste, der schließlich zum verfassungsgebenden Prozess führte, hat an dieser politischen Isolation nicht viel verändert. Die Massenbewegungen haben zwar an Umfang und Einfluss gewonnen, aber sie haben die durchschnittliche Arbeiterin nicht in ihre Politik und Programmatik einbezogen. Auf die linke Koalition Frente Amplio trifft das sogar noch mehr zu: Als Millionen von der Politik entfremdete Menschen zum ersten Mal wählen gingen, gab es keine institutionellen Netzwerke, die sie mit der neuen Linken verbanden. Viele feuerten den Aufstand an, noch mehr befürworteten die Abschaffung der alten Verfassung aus der Diktatur. Da sie jedoch organisatorisch und programmatisch von der neuen Linken isoliert waren, sahen Millionen von ihnen nicht, dass ihre Kernanliegen adressiert wurden. Anstatt sorgfältig neue politische Verbindungen zu knüpfen, verschärften die Radikalen die Verbitterung der Bevölkerung.

Raus aus der Sackgasse

Die politische Revolution in Chile ist vor die Wand gefahren. Dennoch sollte die Linke nicht kapitulieren. Wir müssen uns der Restauration des progressiven Neoliberalismus widersetzen, und zwar nicht durch eine performative Blockadehaltung, sondern indem wir uns standhaft für eine staatliche Regulierung der Märkte und öffentliche Sozialleistungen einsetzen.

Die politische Revolution in Chile ist vor die Wand gefahren.

Die chilenische Linke muss ihre seit 2013 mühsam errungenen Machtpositionen nutzen, um auf diese politische Agenda zu drängen. Gleichzeitig muss sie ihre enge identitätspolitische Ausrichtung hinter sich lassen und zu einer universalistischen Politik übergehen. Das bedeutet nicht, die Rechte von Gruppen, die unter spezifischen Formen der Unterdrückung leiden, aufzugeben; es bedeutet, klassenweite Forderungen in den Vordergrund zu stellen und zu zeigen, dass sie die stärkste Grundlage dafür bilden, auch die besonderen Ungerechtigkeiten zu überwinden.

Anderenfalls wird die Linke nur die Ressentiments der arbeitenden Menschen in Chile verschärfen, denen unter dem progressiven Neoliberalismus drei Jahrzehnte lang grundlegende Rechte vorenthalten wurden. Sie werden dann zu dem Schluss kommen, dass die Priorisierung identitärer Anliegen auf Kosten ihrer Sicherheit und ihres Wohlstands geht. Und nichts wird den Aufstieg der revanchistischen Rechten in Chile so effektiv fördern wie das.

Das Referendum hat sichtbar gemacht, was schief gelaufen ist, aber es zeigt uns auch, wo es in Zukunft langgehen soll. Aller Verwirrung und Unzufriedenheit zum Trotz haben die Stadtviertel und Industrieregionen, in denen die fortschrittlichsten Teile der chilenischen Arbeiterschaft leben und arbeiten, für den Wandel gestimmt. In den großen Arbeitervierteln Santiagos gab es massive Unterstützung. Das Gleiche gilt für die Hafenstädte Valparaíso und San Antonio sowie für die wichtigsten Industrie- und Bergbauzentren im Norden und in der Mitte des Landes. Sie repräsentieren die Millionen von Arbeitenden – Frauen und Männer, Indigene und Nicht-Indigene –, die vor allem anderen mit *apruebo* gestimmt haben, um allgemeine soziale Sicherheit und einen Systemwandel zu erreichen.

René Rojas ist Soziologe, Professor an der State University of New York Binghamton und Redakteur bei *Catalyst*.

Den religiösen Sekten ausgeliefert Japans Rechte nutzt das Andenken an den ermordeten Premier Shinzō Abe, um ihre Macht zu festigen.

Text von **Gavan McCormack**, Übersetzung von **Astrid Zimmermann**

Als ein Attentäter den ehemaligen japanischen Premierminister Shinzō Abe am 8. Juli, zwei Tage vor der Oberhauswahl, auf einer Wahlkampfveranstaltung in Nara erschoss, gingen die Schockwellen schnell um die Welt. Nach einer privaten Trauerfeier kündigte der amtierende Premierminister Fumio Kishida für den 27. September ein Staatsbegräbnis für Abe an. Damit zeige Japan, dass es sich »dem Terrorismus nicht beuge«, betonte Kishida. Gleichzeitig wolle man Abes langjähriges Wirken als Premierminister in den Jahren 2006/07 und 2012–20 würdigen. Seit den 1960er Jahren wurde keinem ehemaligen Premierminister derart die Ehre erwiesen.

Einige zogen düstere Parallelen zu versuchten oder gelungenen Attentaten, die im Japan der Vorkriegszeit auf amtierende und ehemalige Premierminister verübt wurden, wie etwa 1921 auf Takashi Hara, 1930 auf Osachi Hamaguchi, 1932 auf Tsuyoshi Inukai und Makoto Saitō und 1936 auf Korekiyo Takahashi. Andere fühlten sich an eine noch finsterere Episode der japanischen Geschichte zurückerinnert, nämlich den Giftgasanschlag in der Tokioter U-Bahn, den die Aum-Sekte im März 1995 verübte. Deren führende Mitglieder wurden im Anschluss verhaftet, verurteilt und hingerichtet. Steht das Japan des 21. Jahrhunderts kurz davor, wieder aus den Fugen zu geraten?

Staatsmann oder Schande

Im Ausland mag Abe ein hohes Ansehen genossen haben, insbesondere in Washington, wo man ihn als den zuverlässigsten aller Verbündeten schätzte. Doch in Japan war seine Amtszeit so skandalumwittert, dass ein Experte Anfang 2020 konstatierte, die Abe-Administration, die zu diesem Zeitpunkt bereits seit über sieben Jahren regierte, sei mit ihrer Politik durchweg gescheitert und hinterlasse »einen Schandfleck in der Geschichte Japans«.

Anderenorts ging man nicht so hart mit ihm ins Gericht. Nach Abes Tod wurde weltweit Bewunderung und Mitgefühl bekundet. Der ehemalige australische Premierminister Malcolm Turnbull war überzeugt, die Welt werde »Abes Weisheit vermissen« und ergänzte: »Shinzō Abe war ehrlich, authentisch und warmherzig.« Selbst Wladimir Putin, der Abe gut kannte, da er ihn weit mehr als jedes andere Staatsoberhaupt zu hochrangigen Gesprächen getroffen hatte – nämlich ganze 27 Mal –, sprach sein Beileid aus. Er sei betroffen über den »unwiederbringlichen Verlust« eines »herausragenden Staatsmannes«. In der japanischen Öffentlichkeit traf die Entscheidung, ein Staatsbegräbnis abzuhalten, jedoch nicht nur auf Wohlwollen. Landesweit sprachen sich in Umfragen oft überwältigende Mehrheiten dagegen aus.

Abe und die Vereinigungskirche

Nach Abes Ermordung rückte zunehmend seine Verbindung zur rechtsextremen Vereinigungskirche in den Fokus der Öffentlichkeit. Diese religiöse Bewegung, die sich derzeit offiziell Family Federation for World Peace and Unification nennt, ist in Anlehnung an ihren koreanischen Gründer Sun Myung Moon auch unter dem Namen »Moon-Bewegung« bekannt.

Ein Ableger der Sekte war die sogenannte International Federation for Victory Over Communism, die Moon 1968 zusammen mit Taiwans damaligem Machthaber Chiang Kai-shek und den japanischen Ultrarechten Yoshio Kodama und Ryōichi Sasakawa gegründet hatte. Abes Großvater Nobusuke Kishi, der von 1957 bis 1960 Premierminister war, hatte sie seinerzeit stark gefördert. Da der Antikommunismus sowohl in den USA als auch in Japan stark verfing, florierte die Vereinigungskirche.

Abes Mörder ist der 41-jährige Tetsuya Yamagami, der ehemals in der japanischen Marine gedient hat. Fernab von allgemeineren politischen Beweggründen erklärte er, er habe Abe mit seiner Tat dafür bestrafen wollen, dass er zu enge Verbindung zur Moon-Bewegung gepflegt habe. Aus diesem Grund machte er ihn für die Verelendung seiner Familie verantwortlich.

> Die Sekte ist womöglich am besten für Massenhochzeiten bekannt, bei denen Paare, die sich bis dahin nicht kannten, in großen Zeremonien geehelicht werden.

Yamagamis Mutter hatte den Sektengründer Moon für einen gottgesandten Messias und Vater der Menschheit gehalten, dessen Mission es war, das Werk Jesu Christi zu vollenden, um eine reine und vollkommene Ordnung auf Erden zu schaffen. Sie hatte der Vereinigungskirche daher Familienersparnisse über 100 Millionen Yen gespendet – das entspricht knapp 700.000 Euro. Das trieb die Familie Yamagami in den Ruin und in die Isolation. Yamagamis Vater und zwei seiner Brüder nahmen sich das Leben, und er selbst hatte vor, es ihnen gleich zu tun.

Nobusuke Kishi war tatsächlich ein enger Mitarbeiter von Moon und sein Enkel Shinzō Abe scheint diese Nähe aufrechterhalten zu haben. So hielt er etwa im September 2021 bei einem Treffen der Universal Peace Federation, einem Ableger der Kirche, die Eröffnungsrede. Viele weitere Mitglieder der Liberaldemokratischen Partei (LDP) sowie der Regierungen, die sie gebildet hatte, unterhielten ebenfalls Verbindungen zur Vereinigungskirche, darunter auch Abes jüngerer Bruder Nobuo Kishi. Seit 2020 war er Japans Verteidigungsminister, wurde aber am 10. August bei einer Neuaufstellung des Kabinetts Kishida ersetzt, nachdem er zugegeben hatte, dass er im Wahlkampf von Mitgliedern der Vereinigungskirche unterstützt worden war.

In den Wochen nach dem Attentat berichteten die japanischen Medien, dass die Namen von 106 Parlamentsabgeordneten auf Mitgliederlisten der Vereinigungskirche auftauchten, darunter 82 Mitglieder der LDP. Im zweiten Kabinett Kishida vom 10. August standen 19 der 24 Mitglieder in Verbindung mit der Vereinigungskirche. Neben weiteren Unterstützern von Moon und der ultrakonservativen und ultranationalistischen Organisation Nippon Kaigi gehörten darüber hinaus alle bis auf zwei Mitglieder dieses Kabinetts der Shintō-Vereinigung an. Diese verfolgt das Ziel, die Shintō-Staatsideologie aus der Vorkriegs- und Kriegszeit wiederzubeleben, die den Kaiser vergötterte und den militärischen Expansionismus in Ostasien legitimierte.

Staatsverehrung

Es mag merkwürdig anmuten, dass Japan jahrelang eine Regierung hatte, die zwischen Verbündeten der in Korea ansässigen Vereinigungskirche und der japanischen Nippon Kaigi gespalten war. Aber unter den aufeinanderfolgenden LDP-Regierungen von Shinzō Abe, Yoshihide Suga und Fumio Kishida war genau das der Fall.

Moons Kirche ist synkretistisch, basiert aber auf einem vagen christlichen Fundament – die Sekte ist womöglich am besten für Massenhochzeiten bekannt, bei denen Paare, die sich bis dahin nicht kannten, in großen Zeremonien geehelicht werden. Einst wurden sie von Moon selbst geleitet, der die Paare unter anderem dazu aufforderte, jeden achten Tag um 5 Uhr morgens gemeinsam das Familiengelöbnis der Vereinigungskirche aufzusagen. Nippon Kaigi, wörtlich etwa »Japan-Konferenz«, ist eine ebenfalls synkretistische Vereinigung, die auf der Staatsreligion Shintō basiert. Die Anhängerschaft dieser landesweiten Organisation glaubt an die Überlegenheit und Reinheit des japanischen Volkes mit dem Kaiser als seinem Zentrum, und knüpft damit an die Doktrin des japanischen Vorkriegsstaates an.

Die formelle Unvereinbarkeit der Lehren der Vereinigungskirche und der Nippon Kaigi schien diejenigen, die sich zu der einen oder der anderen oder – wie Abe selbst – zu beiden bekannten, nicht zu stören. Die beiden Gruppen sammelten Beiträge von ihren jeweiligen Mitgliedern (oder verkauften ihnen religiöse Andenken und Talismane) und revanchierten sich entsprechend bei ihren politischen Verbündeten. So entsandte die Vereinigungskirche etwa unbezahlte Freiwillige – manchmal bis zu hundert auf einmal – um Politierinnen und Politiker der LPD bei ihren Wahlkampagnen zu unterstützen.

Mit anderen Worten: Obwohl sich japanische Regierungsbeamte während Abes Amtszeit zu universellen, demokratischen und säkularen Werten bekannten und Artikel 20 der japanischen Verfassung von staatlichen Institutionen verlangt, »religiöser Bildung und anderen religiösen Aktivitäten fernzubleiben«, haben extremistische religiöse Sekten über das vergangene Jahrzehnt Einfluss auf den japanischen Staat genommen. Ab 1990 wies die LDP die Kritik, die mit Verweis auf Artikel 20 an ihren religiösen Aktivitäten geäußert wurde, zurück und trat gegenüber der japanischen Wählerschaft als Speerspitze einer Koalition mit der neu-religiösen buddhistischen Partei Kōmeitō auf. Als Abe in die obersten Ränge von Partei und Staat aufstieg, unternahm die LDP weitere Schritte, um ihre Politik an die religiösen Prinzipien der Vereinigungskirche und der Nippon Kaigi anzugleichen.

Belagerungszustand

Durch das große öffentliche Spektakel, das die Kishida-Regierung zu Ehren Abes veranstaltete, entstanden erhebliche Kosten für die öffentliche Hand, ohne dass das Parlament dies genehmigt hätte, wie Artikel 85 der japanischen Verfassung es vorsieht. Die Inszenierung enthielt Anklänge an die staatliche Shintō-Ideologie, die sich um den Kaiser zentrierte und angeblich ausgelöscht wurde, nachdem Japan im Jahr 1945 kapituliert hatte und die Souveränität der japanischen Bürgerinnen und Bürger ausgerufen worden war.

Wie die Organisation Japan Democratic Lawyers Association aufgezeigt hat, kam das Begräbnis eine Art letzten staatlichen Segnung des Abe-Erbes gleich. Es lenkte davon ab, dass dieses Erbe umstritten, umkämpft und von zahlreichen ungelösten Skandalen durchzogen war, weshalb es als Verstoß gegen die verfassungsmäßig garantierten Grundsätze der Gedanken- und Gewissensfreiheit gedeutet werden könne.

Seit Anfang des 21. Jahrhunderts haben religiöse Gruppierungen, die der Aum-Sekte ähneln, den japanischen Staat in einer Weise durchdrungen, die sich deren damalige Anführer kaum hätten vorstellen können. Abes Ermordung und Beerdigung hätten zum Anlass für eine Reform der japanischen Institutionen genommen werden können, um sie wieder in Einklang mit den Verfassungsgrundsätzen zu bringen. Stattdessen scheint das Gegenteil zu passieren, denn die Rechten nutzen die Gelegenheit, um ihre Macht zu festigen. Die Nachfolger von Abe belagern die japanische Verfassung von 1947 auch weiterhin.

Die Anhängerschaft dieser landesweiten Organisation glaubt an die Überlegenheit und Reinheit des japanischen Volkes mit dem Kaiser als seinem Zentrum, und knüpft damit an die Doktrin des japanischen Vorkriegsstaates an.

Gavan McCormack ist emeritierter Professor an der Australian National University und Herausgeber der Zeitschrift *Japan Focus*.

TOUTS SHOUTOUTS SHOUTOUTS S

TOUTS SHOUTOUTS SHOUTOUTS S

Carolin Amlinger und Oliver Nachtwey
Gekränkte Freiheit: Aspekte des libertären Autoritarismus
Suhrkamp, 2022

Wer die rechten Proteste der letzten Jahre verstehen will, muss dieses Buch lesen. *Gekränkte Freiheit* handelt aber nicht nur von Querdenkern, sondern bietet eine umfassende Analyse der kapitalistischen Spätmoderne und ihrer widersprüchlichen Entwicklung: Ein gesellschaftlicher Wertewandel hin zu mehr Selbstverwirklichung, Eigenverantwortung und Authentizität eröffnete in vielen Milieus zwar zunächst neue Freiheitsspielräume, aber diese entwickelten sich durch den Abbau sozialstaatlicher Sicherheiten gleichsam zu Risiko- und Kränkungszonen. Der Drang zur Freiheit und Selbstbestimmung vor allem von staatlichen Institutionen schlägt um in Unterwerfung unter neue Autoritäten. Damit aktualisieren Amlinger und Nachtwey die Kritische Theorie so anschaulich und zielgenau mit empirischem Material wie kaum jemand anderes.

Hannelore Bublitz
Der verborgene Code der Erben: Über soziale Magie und das Spiel der Eliten
Transkript, 2022

In Deutschland wird Reichtum nicht erarbeitet, sondern vererbt. Die Vermögensungleichheit ist hier so hoch wie in kaum einem anderen demokratischen Land und nähert sich wieder dem Niveau des deutschen Kaiserreichs an. Doch die Gesellschaft der Erbinnen und Erben entwickelt auch eine ganz eigene Kultur, die dem Machterhalt ihrer Klasse dient. Hannelore Bublitz zerlegt die Mythen der Oberklasse, die regelrecht protoreligiöse »Glaubensgemeinschaften« ausbildet, um ihren eigenen Status und damit die extreme Ungleichheit im Land zu rechtfertigen. Gleichzeitig zeigt sie, wie diese Eliten ihre Luxuswelt auf Instagram und Co. ausstellen und dabei eine eigene Magie des Reichtums inszenieren, die anziehend wirkt und zu ihrer Legitimität beiträgt. Diese Magie müssen wir verstehen und entlarven, wenn wir die Klassengesellschaft bekämpfen wollen.

Gerda Lerner
Die Entstehung des Patriarchats
Manifest, 2022

Ende der 1970er Jahre versucht Gerda Lerner auszumachen, welches historische Ereignis für die Unterdrückung der Frauen in der westlichen Zivilisation verantwortlich ist. Den einen Ursprung findet sie zwar nicht, stattdessen bekommt sie aber in der 1986 erschienenen *Entstehung des Patriarchats* die verworrene und mit der Klassengesellschaft verstrickte Rolle von Frauen in der Geschichte zu fassen. Ihre materialistische Analyse zeigt, dass nicht bloß die Existenz als Frau, sondern auch die Klassenposition ihres Mannes über ihre Position in der Gesellschaft entschied. Das Buch ist eine Pflichtlektüre für jede Feministin: Wer das Patriarchat abschaffen will, muss genauso gegen die Klassengesellschaft kämpfen. Endlich sind die Forschungsergebnisse von Gerda Lerner nun wieder in deutscher Übersetzung verfügbar.

Édouard Louis
Anleitung ein anderer zu werden
Aufbau, 2022

Im Grunde hat Édouard Louis seinen Bestseller *Das Ende von Eddy* hiermit noch einmal neu geschrieben – und doch ist dieses Buch ganz anders. Zwar handelt der Roman wieder autobiografisch von der Geschichte eines Jungen aus der französischen Provinz, der aus dem Arbeitermilieu in die Pariser Kulturszene aufsteigt und gegen alle Widerstände seine Homosexualität entdeckt. Doch er ist angereichert mit mehr Szenen und Reflexionen über Louis schmerzhafte Beziehungen zu den Menschen, die seinen Klassenaufstieg begleiteten. So notiert er: »Beim Schreiben merke ich, dass meine Geschichte vor allem eine Geschichte einer langen Reihe von Frauen ist, die mich gerettet haben.« Zusammen erzählen seine Romane die brüchige Geschichte von Ablehnung und Anerkennung der eigenen Identität, vor allem aber der Gewalt in der Klassengesellschaft. Und davon ist nichts redundant.

UTOUTS SHOUTOUTS SHOUTOUTS

Das Fernsehen,
das die CDU verbot

Arbeiterfilme gehörten einmal zum Standardrepertoire der Öffentlich-Rechtlichen.

Text von **Pujan Karambeigi**
Illustration von **Marie Schwab**

Alfred Schefczyk ist Hilfskraft in einer Fabrik im West-Berlin der späten 1960er Jahre. Der gelernte Schlosser, der gerade erst aus einer kleinen Stadt in Süddeutschland weggezogen ist, findet sich im Zentrum einer Reihe von Konflikten: Der Berliner Senat beschließt, die Mieten im Wohnheim zu erhöhen; die 150 Arbeitsplätze sollen nach Westdeutschland abwandern, um Facharbeiter durch ungelernte Arbeiter zu ersetzen; die Betriebsleitung veranlasst eine Neu-Taktung der Akkordarbeit, wodurch die Löhne sinken. Alfred und seine Kollegen fragen sich immer wieder: Was tun mit der Wut auf die Verhältnisse? Wohin entlädt sie sich, nach unten oder nach oben, nach links oder nach rechts? Verhärten sich die Konfliktlinien zwischen Jungen und Alten, Zugezogenen und Eingesessenen, ungelernten und gelernten Arbeitern? Oder schweißt sie der gemeinsame Unmut vielmehr zusammen?

Alfred ist der Protagonist des Films *Liebe Mutter, mir geht es gut* (1972), einem herausragenden Beispiel des sogenannten Arbeiterfilms. Zwischen 1967 und 1976 wurde das Genre durch den WDR, NDR und HR gefördert und aufgrund massiven Drucks durch die CDU/CSU dem Niedergang geweiht. Das ganze Projekt nahm seinen Anfang Mitte der 1960er Jahre in der Fernsehspiel-Abteilung des NDR sowie der Abteilung Spiel und Unterhaltung des WDR. Die direkte Zusammenarbeit mit den Beschäftigten, Betriebsräten sowie Gewerkschaften war stilgebend für das Genre, das sich explizit gegen das sogenannte deutsche Autorenkino wendete, das seit dem *Oberhausener Manifest* von 1962 die individuelle Genialität des Regisseurs verklärte. Unter der Leitung von Redakteuren wie Egon Monk und Günter Rohrbach, die zum linken Flügel der SPD gehörten, entstand so ein öffentliches Fernsehprogramm, das vom Alltag der arbeitenden Klasse erzählte.

Vom »Einzelfall« zum »Klassenfall«

Eine der wichtigen frühen Gegenpositionen zu dieser Künstlerromantik war Klaus Wildenhahns *In der Fremde* (1967), der den Arbeiterfilm nachhaltig prägen sollte. Der knapp 80-minütige Dokumentarfilm beleuchtet die Lebensumstände saisonaler Bauarbeiter in der norddeutschen Provinz. Im Zentrum stehen die Konflikte, die sich zwischen ungelernten und gelernten Arbeitern sowie zwischen dem Zigarre rauchenden Bauleiter und der Arbeiterschaft entspinnen – um Bezahlung, Überstunden, Schichtarbeit.

Die Stimme aus dem Off bleibt dabei ein selten eingesetztes Mittel. Diese Entscheidung folgt jedoch keinem erzählerischen Relativismus, der die Interessen des Poliers ebenso nachvollziehbar erscheinen lässt wie die der ungelernten Arbeitskräfte. Stattdessen treten die Asymmetrie der Konflikte sowie die Zwänge, denen sich die saisonalen Arbeitskräfte ausgeliefert sehen, umso plastischer hervor. Dabei ging es darum, ein Bild von Arbeitern zu zeichnen, »mit denen viele Empfänger in der BRD nicht nur übereinstimmen, sondern an denen sie auch ihre eigenen Konflikte durchspielen können«. Das Publikum sollte »vom ›Einzelfall‹ zum ›Klassenfall‹ kommen,« wie Wildenhahn 1972 in seinem Buch *Über Synthetischen und Dokumentarischen Film* schreibt.

Das Buch war während seiner Lehrtätigkeit an der frisch gegründeten Deutschen Film- und Fernsehakademie (DFFB) entstanden, die bis Mitte der 1970er Jahre eine der wichtigsten Kaderschmieden des Arbeiterfilms wurde. Die zentrale Herausforderung war für Wildenhahn, dass sich ein Großteil der Filmstudierenden aus den Rängen des Mittelstandes rekrutierte, und sich in der öffentlichen Welt des Rundfunks vor allem Geschichten aus eben dieser Schicht reproduzierten. Wildenhahn ging es jedoch nicht nur darum, eine Repräsentationslücke zu schließen und zu insistieren, dass das Milieu der Arbeit auch ein Recht auf ein Bild hatte.

Der Arbeiterfilm wurde zu einem Sündenbock, der es der Union und der FDP ermöglichte, die Privatisierung des Rundfunks voranzutreiben.

Vielmehr wollte er die arbeitende Klasse stärker am Produktionsprozess der Bilderwelten selbst beteiligen.

Realismus statt Romantisierung

Im Vergleich zu den frühen Vertretenden des Arbeiterfilms wie Wildenhahn, Erika Runge, Helma Sanders-Brahms und Kenan Ormanlar, die hauptsächlich aufgrund kleiner Produktionsbudgets mehrheitlich Dokumentarfilme drehten, überführten Anfang der 1970er Jahre einige jüngere Filmemacher das Genre in das Spielfilm-Format.

Der mit dem Adolf-Grimme-Preis ausgezeichnete *Liebe Mutter* war von dem gelernten Werkzeugmacher Klaus Wiese und dem IG-Metall-Gewerkschafter Christian Ziewer gedreht worden und entstand in enger Zusammenarbeit mit den Beschäftigten einer Fabrik im Berliner Stadtteil Wedding, die teilweise auch als Schauspielende im Film zu sehen waren. Wie Ziewer in einem Interview erklärte, war das Ziel einer solchen Zusammenarbeit, »dass der Film Pläne von Zukunft in kleinen Ausschnitten entwickelt, weil er nicht nur die Gegenwart widerspiegelt, sondern auch Wünsche und Ansätze zum Handeln zeigt, die in der Realität der Handelnden noch gar nicht bewusst sind. ... Allerdings ist die Voraussetzung dafür, dass die Arbeiter selbst mit dem Film arbeiten und der Filmmacher auch selbst zum Lernenden wird«. Dass der wilde Streik in *Liebe Mutter* am Ende fehlschlägt, ist kein Fatalismus, sondern entsprang dem Wunsch der Beschäftigen, die reale Asymmetrie der Kräfteverhältnisse am Arbeitsplatz aufzeigen zu wollen.

Liebe Mutter stellt in vielerlei Hinsicht einen Wendepunkt für den Arbeiterfilm dar, da sich daraufhin neue Fördermöglichkeiten im Spielfilmformat ergaben. Rainer Werner Fassbinders *8 Stunden sind kein Tag* (1972/73), Helma Sanders-Brahms *Der Angestellte* (1972) und *Shirins Hochzeit* (1975), Ingo Kratischs und Marianna Lüdckes *Die Wollands* (1972), *Lohn und Liebe* (1974) und *Familienglück* (1974), Sohrab Shahid-Saless *In der Fremde* (1975) sowie Ziewers eigene Ausarbeitungen in *Schneeglöckchen blühn im September* (1973) und *Der aufrechte Gang* (1975), um nur eine Auswahl zu nennen, weiteten das Erzählspektrum von der Fabrik auf Familienverhältnisse und Arbeitsmigration aus. Die kleine Welt der BRD wurde dadurch als eine scheinbar endlose Kette von Klassenkonflikten lesbar.

Doch der zunehmende kritische und populäre Erfolg des Genres – Fassbinders Serie *8 Stunden sind kein Tag* wurde von über 40 Prozent der westdeutschen Fernsehöffentlichkeit gesehen – führte zu verstärktem Missmut bei der CDU/CSU und der FDP. Das Problem war nicht völlig neu. Bereits in den 1950er und 60er Jahren gerieten die Öffentlich-Rechtlichen immer wieder ins Fadenkreuz der Liberalen und Konservativen. Durch die Arbeiterfilme wurde dieser Konflikt mit einer derartigen Vehemenz geführt, die nicht nur dem Genres ein Ende bereiten, sondern auch die Struktur der Öffentlich-Rechtlichen langfristig verändern sollte.

Tele-control wurde von Unionsabgeordneten gegründet, um wirtschaftsfeindliche Tendenzen zu protokollieren.

Von den Bildschirmen verdrängt

Einer der Ausgangspunkte des Konflikts war Theo Gallehrs und Rolf Schübels *Rote Fahnen sieht man besser* (1971), der während der »Roten Woche« im September 1971 im WDR ausgestrahlt wurde, mit der einige Redakteure die Geschichte des Weimarer Proletkinos wiederzubeleben versuchten. Der Film, untertitelt als »Eine Betriebsstilllegung aus Sicht der Entlassenen«, erzählt die massive Entlassung, die sich 1971 in der Phrix Fabrik in Krefeld ereignete, aus der Perspektive von vier Arbeitern. Interviews, Erfahrungsberichte, Diagramme des Arbeitsamts sowie Kommentare aus dem Off sind so aneinandergereiht, das sich aus den unterschiedlichen Fragmenten ein Bild der Deindustrialisierung ergibt, das sich über die folgenden Jahrzehnte in immer gleicher Form abspielen würde.

Der arbeitgeberfreundliche *Fernseh- und Rundfunkspiegel* unterstellte diesem »Schnellkurs in Marxistischer Politik«, er würde verschweigen, dass Fabrikschließungen in der sozialen Marktwirtschaft viel humaner ablaufen würden als in den sozialistischen Ländern. Der Wirtschaftsteil der *FAZ* beanstandete die Voreingenommenheit gegenüber Arbeitgeberinteressen und führte eine Reihe von Statistiken bezüglich Arbeitslosigkeit und Entschädigungen auf, die sich alle als gefälscht herausstellten, nachdem ein DGB-Vertreter in einem Leserbrief darauf hinweis. Im Feuilleton der *FAZ* fühlte man sich von der vermeintlichen visuellen Langeweile anscheinend so provoziert, dass *Rote Fahnen* innerhalb von zwei Monaten in gleich zwei Beiträgen verrissen wurde.

Im Konflikt um den Arbeiterfilm vermischten sich zwei ineinander verwobene politische Projekte: Zum einen hatte das öffentliche Opponieren gegen die fortschreitende Deindustrialisierung, einem der zentralen Themenkomplexe der Arbeiterfilme, offensichtlich einen wunden Punkt getroffen. Zum anderen war das Genre selbst eine Art Sündenbock, der es bestimmten Flügeln der CDU/CSU und FDP ermöglichte, die bereits

seit den 1950er Jahren angestrebte Privatisierung des Rundfunks voranzutreiben – was sie in einer eigens dazu einberufenen Bundestagsanhörung dann auch taten.

Die Privatisierungsoffensive

In den nächsten Jahren wurde in den konservativ dominierten Feuilletons gezielt gegen Arbeiterfilme agitiert. Zum Beispiel wurde versucht, Fernsehredakteuren ihre Legitimität abzusprechen, indem man den WDR in »Rotfunk« umtaufte oder als »Tele-Kolleg für Linksradikale« bezeichnete. Zum anderen bildete sich unter Anleitung des CSU-Abgeordneten Carl-Dieter Spranger und des CDU-Abgeordneten Rainer von zur Mühlen die *Tele-control* in Bonn, eine Art Newsletter, der die »wirtschaftsfeindlichen Tendenzen in Rundfunksendungen« im WDR, NDR, und HR (nicht aber im BR) protokollierte.

Konservative und liberale Politiker wurden so nicht nur mit Material versorgt, um ihren Kulturkampf zu führen, die Öffentlich-Rechtlichen begannen daraufhin auch, Inhalte, die etwa den arbeitgeberfreundlichen Erzählungen zur Deindustrialisierung des konservativ-liberalen Milieus widersprechen könnten, auszusparen. Als mit einem Führungswechsel in der Intendanz beim NDR und WDR Konservative auf die entscheidenden Posten rückten, die einen Großteil der progressiven Redakteure entweder entließen oder auf marginale Positionen verdrängten, verlor der Arbeiterfilm innerhalb kürzester Zeit weite Teile der Infrastruktur, die seine Produktion ermöglicht hatte.

Die wohl langfristigste institutionelle Verschiebung dieses Konflikts erfolgte mit der Kündigung des NDR-Staatsvertrags durch den CDU-Ministerpräsidenten Schleswig-Holsteins im Jahr 1978. Die drohende Zerschlagung des NDR traf auf bundesweiten Widerstand. Letztlich wurde der NDR zwar nicht zerschlagen, jedoch erzwang die CDU eine Reihe von internen Reformen – so wurde etwa die Macht der Gewerkschaftsvertretung und der Arbeiterwohlfahrt in der Versammlung der Landesmedienanstalt marginalisiert, bevor Christian Wulff sie 2004 dann völlig abschaffte. Vor allem erfüllte sich nun aber ein Traum, den CDU und FDP bereits seit den 1950er Jahren ersehnt hatten: Der NDR verlor sein Sendemonopol. Die Entstehung von privaten Sendern war nun möglich.

Parallel zu den Fabrikschließungen vollzog sich die Räumung der Produktionsbüros.

Der sanfte Fatalismus, der sich in den Deindustrialisierungs-Darstellungen der Arbeiterfilme zeigte, sollte sich bewahrheiten. Parallel zu den Fabrikschließungen, die wieder und wieder geschildert wurden, vollzog sich die Räumung der Produktionsbüros, die Entlassung der eigenen Abteilung, das Verstummen der vielschichtigen Erzählungen von Klassenkonflikten.

Auch wenn der Arbeiterfilm letztlich in den Mühlen der Privatisierung zerrieben wurde, so bildet er noch immer eine Blaupause für das, was politischer Film sein kann: Er erzählt nicht nur Geschichten der Unterdrückung, der Ausbeutung und des Aufbegehrens dagegen. Er lässt sie erfahrbar werden als Konsequenz eines Klassenkampfes und legt somit einen Baustein für die Solidarität zwischen denjenigen, die sich in diesen Bildern wiederfinden.

Pujan Karambeigi ist Contributing Editor bei JACOBIN.

DIE INSEL DER U

Ich habe als postapokalyptischer Polizist für Gerechtigkeit gekämpft, damit ihr es nicht müsst.

Text von **Thomas Zimmermann**

Als ich einer Person gegenüberstand, die so viel reicher war als ich, dass ich ihr nicht ins Gesicht sehen konnte, weil sich das Licht in ihrer Gegenwart in surrealer Weise krümmte, brachte mich das zum Nachdenken: Bisher hatte ich immerzu versucht, mich auf die Seite der Armen und Arbeitenden zu schlagen. Jetzt beschlich mich die Ahnung, dass ich selbst einer von ihnen sein könnte – ohne dass ich jemals eine andere Wahl gehabt hätte.

»Der Weiss-Wiesemann-Koeffizient ist eine Kennzahl, die die Differenz zwischen den Nettovermögen von Individuen widerspiegelt. Wenn der Koeffizient nahe 1 (oder 100 Prozent) liegt, dann heißt das, dass eine Person das gesamte Nettovermögen einer Gruppe besitzt«, ließ mich die Enzyklopädie in mir wissen. »Es ist beobachtet worden, dass sich ungefähr ab einem Koeffizienten von 0,96 die Gesetze der Physik um die vermögende Person zu verbiegen beginnen.« Ich hatte eine Menge Skillpunkte in enzyklopädisches Wissen gesteckt, um einordnen zu können, was mir in dieser bizarren Welt begegnete. Körperliche Widerstandsfähigkeit dagegen vernachlässigte ich so sehr, dass bereits ein besonders unbequemer Stuhl mich umbringen konnte. Doch das schienen mir die richtigen Prioritäten zu sein für *Disco Elysium*, ein Computerspiel, dessen Entwicklerinnen und Entwickler Marx und Engels für ihre »politische Bildung« dankten, als sie bei den Game Awards 2019 mit Preisen überhäuft wurden.

Die Stadt Revachol – der Schauplatz des Spiels – hat vieles durch, etwa einen König, der sein Land ausblutete, um seine Kokainsucht zu finanzieren, oder eine sozialistische Revolution, deren dauerhaftestes Erbe nichts weiter als ein spezieller, von den Kommunarden erfundener Handschlag bleiben sollte. Denn die Kommune von Revachol wurde von einer internationalen Koalition zunichtebombardiert, die den Menschen stattdessen den freien Markt daließ. Heute streikt die Hafenarbeitergewerkschaft und fordert »Jeder Arbeiter ein Vorstandsmitglied«. Und in einem angrenzenden Hinterhof hängt ein vom Logistikkonzern Wild Pines engagierter Söldner an einem Spanngurt von einem Baum.

Seinetwegen bin ich hier, denn ich bin Mordermittler. Zwar hindert mich ein heftiger Blackout daran, mich an irgendetwas zu erinnern – doch bei

SELIGEN

ENZYKLOPÄDIE

Es ist beobachtet worden, dass sich ungefähr ab einem Koeffizienten von 0,96 die Gesetze der Physik um die vermögende Person zu verbiegen beginnen.

einem bin ich mir sicher: Ich bin nicht hier, um dem Trug des Offensichtlichen zu erliegen und Arbeiter für den Mord an einem Söldner des Kapitals einzubuchten.

Anfangs geigte ich jeder und jedem gesellschaftskritische Phrasen vor – in der Erwartung, dass mir das Wege eröffnen würde, kein schnöder »Hüter von Recht und Ordnung«, sondern ein Kämpfer für die Gerechtigkeit zu werden. Und tatsächlich: Als ich den Chef der Cafeteria dafür geißelte, dass er selbst noch seine Abfälle mit einem Sicherheitsschloss vor den Elenden abriegelte, schaltete das einen neuen Gedankengang in mir frei: »Mazovianische Makroökonomie«, Revachols Marxismus. In Zukunft würden mir linke Dialogoptionen zusätzliche Erfahrungspunkte einbringen. Doch bald darauf mäßigte ich mein Auftreten – die praktisch orientierten Leute von der Gewerkschaft würden mich radikalen Sprücheklopfer gewiss auslachen.

So verkniff ich es mir, der örtlichen Buchhändlerin, die ihre Tochter draußen in der Kälte bei den Auslagen stehen ließ, großspurig zu erklären, dass ich gekommen sei, um »den freien Markt einzureißen und die Kinderarbeit abzuschaffen«, und redete ihr stattdessen ins Gewissen, sodass sie ihr Kind hereinholte. Doch als ich mir endlich Zugang zum Gewerkschaftsbüro verschafft hatte, was lag da auf der Couch: ein Magazin für »mazovianische Perspektiven« voll mit weltfremden »radikalen Wahrheiten«.

Kurz darauf traf ich den Gewerkschaftsvorsitzenden Evrart Claire – ein veritabler Gangsterboss, wie ich feststellen musste. Doch er scheint seinen Job gut zu machen; die Arbeiter stehen zu ihm. Geht es vielleicht nicht anders in dieser kaputten Welt? Das hätte ich noch verkraften können, nicht aber, was mich als nächstes erwartete: Die Hardie Boys, die Männer fürs Grobe in der Gewerkschaft, gestanden mir einfach so den Mord. Würde ich am Ende trotz allem nicht drumherum kommen, Gewerkschaftern Handschellen anzulegen?

Habe ich meinen Playthrough an den Sozialismus verschwendet? Was habe ich verpasst, indem ich den titelgebenden Disco-Aspekt links liegen ließ? Dass ein Spiel dieselben Fragen aufwerfen kann wie das echte Leben, zeugt von der großen Kunstfertigkeit des Teams hinter *Disco Elysium*. Doch es gibt schlechte Nachrichten: Im Oktober 2022 meldete sich einer der Entwickler aus einer psychiatrischen Klinik, um mitzuteilen, dass die kreativen Köpfe hinter dem Erfolgstitel durch die Unternehmensführung ihres Studios gegangen wurden. Die Marke wird weiter ausgeschlachtet werden, der Klassiker aber keine Fortsetzung im Sinne seiner Urheber erleben. Andererseits ist diese Meldung ein nur allzu passender letzter Paukenschlag für ein Spiel, das uns die Kläglichkeit einer Zukunft vorführt, in der dieser absurde Zynismus niemals aufgehört hat zu siegen.

Thomas Zimmermann ist Copy Editor bei JACOBIN.

Kulturkämpfe kann man nicht gewinnen

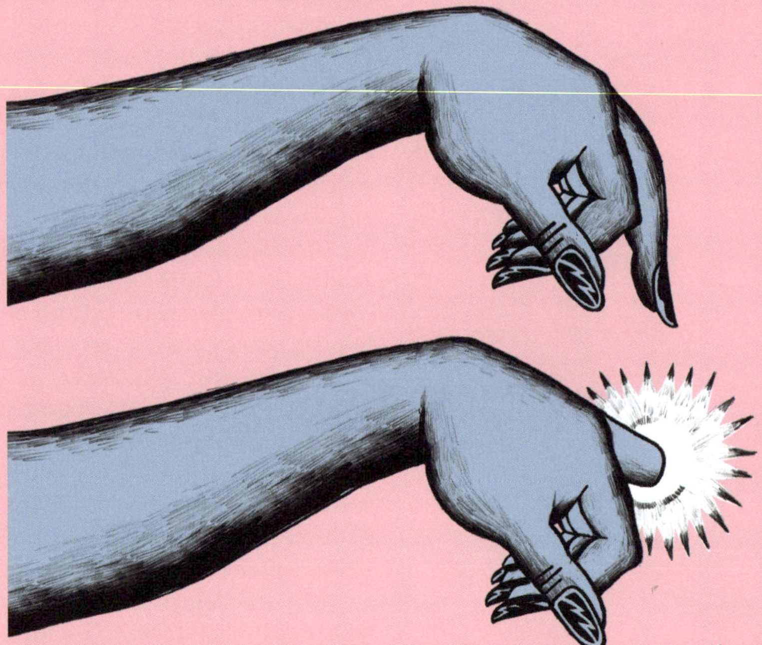

Die zahnlose Identitätspolitik der letzten Jahre und das Erstarken der Rechten sind zwei Symptome derselben Krise.

Text von **Astrid Zimmermann**
Illustration von **Andy King**

Eine EU-Kommissarin gratuliert einer Mussolini-Verehrerin zum Amtsantritt als Premierministerin, weil sie die erste Frau auf dem Posten ist. Ein Ex-Springer-Chef ist überzeugt, dass eine öffentlich-rechtliche Comic-Maus die Kinder dieses Landes in die Transsexualität zwingen will. Im Bundestag fordert ein Rechter eine »Willkommenskultur für ungeborene Kinder«. Die grotesken Kulturkämpfe unserer Gegenwart sind wie ein schmerzhaftes Schrillen, das von Jahr zu Jahr lauter wird. »Deutschland. Aber normal« – der AfD-Slogan zur Bundestagswahl bringt das Narrativ der Rechten in diesen Auseinandersetzungen auf den Punkt. Fleisch essen, Winnetou gucken und ohne Limit über die Autobahn heizen – all das muss gegen »woke« Eliten verteidigt werden.

Im Zentrum dieser Debatten stehen nicht politische oder wirtschaftliche Fragen, an denen sich die Sphäre der Politik einst in Links und Rechts spaltete, sondern Fragen des Lebensstils, die unter dem Schlagwort »Kultur« gefasst werden. Dass genau um solche Fragen gekämpft wird, ist an sich kein sonderlich neues Phänomen. Über Sexualität,

Religion oder Kunstfreiheit wurde auch in den 1950er und 60er Jahren erbittert gestritten. Kaum jemand erinnert sich heute etwa an den katholischen Volkswartbund, der Bücher und Filme auf »unsittliche« Inhalte untersuchte und mit staatlichen Behörden zusammenarbeitete.

Aber vor dem Hintergrund des ökonomischen Wandels der letzten Jahre haben Kulturkämpfe eine neue Aggressivität angenommen. Während strukturelle Probleme wie wirtschaftliche Stagnation, Reallohnverluste, soziale Ungleichheit und die Zersetzung öffentlicher Infrastruktur in den letzten Jahren fortbestanden oder weiter eskalierten, rückten sie dagegen selten in den Fokus konfliktreicher politischer Debatten. Sie wurden stattdessen zum Gegenstand einer sonoren Problemverwaltung, die uns ein Trümmerfeld hinterlassen hat: Unsere sozialen Sicherungssysteme sind dysfunktional, die Armut ist auf einen tragischen Höchststand geklettert und spätestens mit der anhaltenden Inflation hat die Angst vorm Abstieg nun auch weite Teile der Mittelschicht erfasst.

Man könnte annehmen, dies hätte die Rückkehr kollektiver Verteilungskämpfe eingeläutet – und damit auch die Rückkehr der Linken. Doch der organisatorische Rahmen, in denen diese materiellen Auseinandersetzungen ausgefochten wurden, ist nach Dekaden neoliberaler Technokratie schwer lädiert. Die Konjunktur der sozialen Frage fällt in eine Zeit, in der sich der Eindruck verhärtet hat, die politische Linke bewege sich in luftigen Sphären: Sie würde selbstreferenzielle Nischenanliegen priorisieren, die weite Teile der Bevölkerung als nicht besonders drängend wahrnähmen. Die Rechte wiederum stößt gezielt immer wieder hyperventilierende Kulturkämpfe um solche Fragen an, um ein Trugbild heraufzubeschwören, wonach nur sie für die Belange der »normalen Leute« einstünde – und die Linke tappt jedes Mal wieder in die Falle und verschleißt sich in Debatten, die nur die Fremddarstellung ihrer politischen Gegner bestätigen. Diese kulturell und identitär übersättigten Auseinandersetzungen sind aber nicht die Ursache für die Abgeschlagenheit der Linken und die Neuformierung der Rechten. Sie sind das Symptom einer Linken, die verloren hat.

> Das Problem mit der Identitätspolitik ist, dass sie vorgab, die Linke zu erneuern, tatsächlich aber vielmehr den Neoliberalismus erneuerte.

Guess who's back

Angesichts dieser katastrophalen Lage raten viele Linke dazu, sich mit kulturellen Fragen nicht weiter aufzuhalten. Sie führten nur zu hitzigen Debatten, in denen es eigentlich um nichts ginge. Gleichzeitig ist der von rechten Medien und Parteien angeführte Kreuzzug gegen alles, was »woke« ist, nicht ohne Konsequenzen geblieben: Die Hasskriminalität gegen queere Menschen ist in Deutschland gestiegen, allein in Berlin hat sie sich in den Jahren 2014–21 verfünffacht. Und die krisengebeutelte AfD fährt mit ihrer Rückbesinnung auf den alten Kulturkampf – Tradition, Identität, Familie – wieder starke Ergebnisse an der Wahlurne ein.

Für die Selbstinszenierung der Partei als Fürsprecherin »der kleinen Leute«, die einer vermeintlich übermächtigen »woken« Elite von Globalisten mutig die Stirn bietet, eignen sich diese Fragen gerade deswegen so gut, weil Rechte diese Kulturkämpfe in der Vergangenheit tatsächlich verloren haben: Frauenquoten werden mittlerweile selbst von Konservativen eingefordert, unter einer CDU-Kanzlerin wurde die Ehe für alle eingeführt, die Sprache vieler Mainstream-Medien wurde gendergerecht, die Toiletten in staatlichen Museen genderneutral. Vieles, was einst zum Repertoire linker Szenen gehörte, ist Teil einer mehrheitsfähigen gesellschaftlichen Liberalisierung geworden.

Verengt man den Blick auf diese eher lebensweltlichen Themen, übersieht man leicht, dass von einer tatsächlichen Gleichstellung der Geschlechter lange nicht gesprochen werden kann. Die Ungleichheiten haben sich auf anderen Ebenen stillschweigend fortgeschrieben. Deutschland rangiert im europäischen Vergleich auf Platz vier der Staaten mit den extremsten Lohnunterschieden zwischen den Geschlechtern. Frauen verdienen weniger, sie besitzen weniger und sie tragen die Hauptlast unbezahlter Sorgearbeit. Ohne materielle Bodenhaftung werden valide emanzipative Bestrebungen wie die

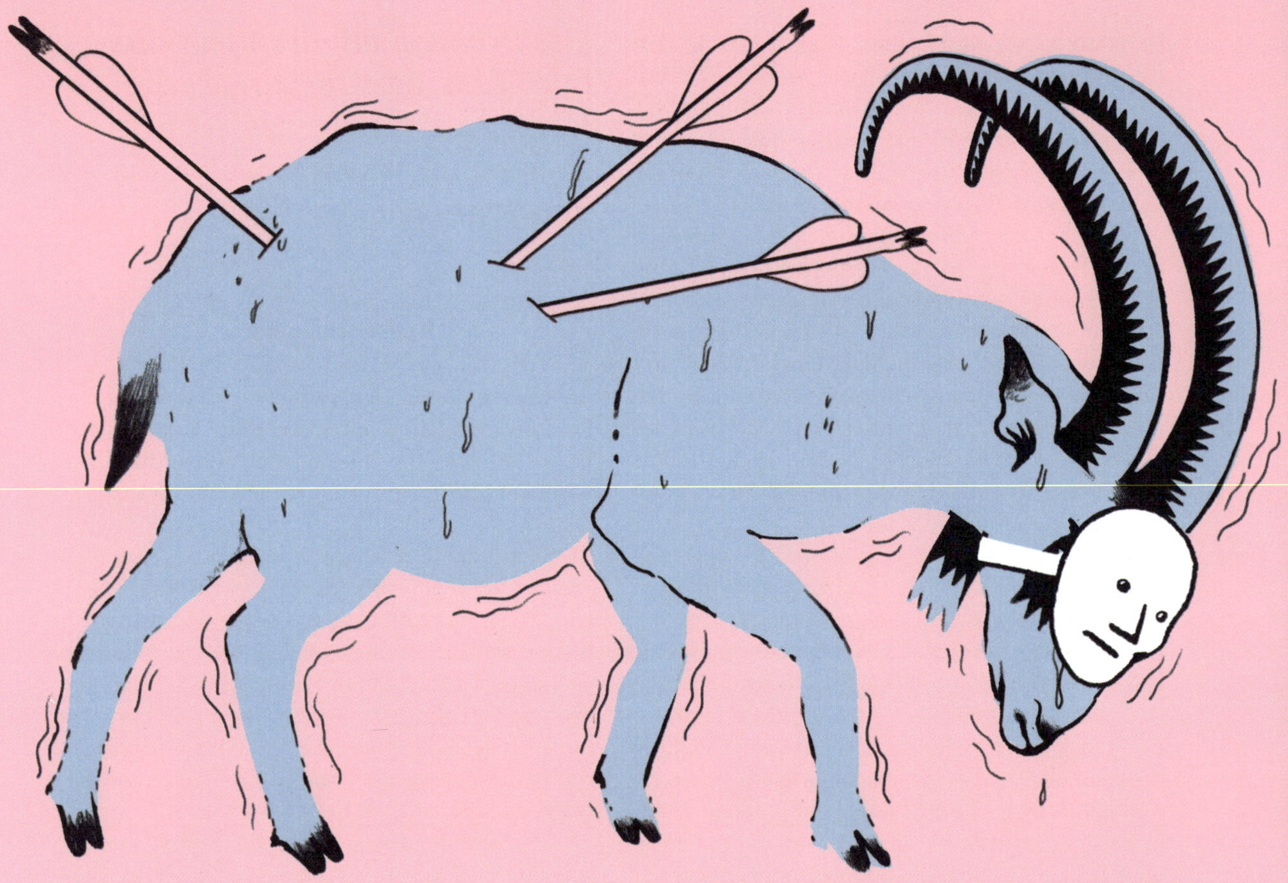

Geschlechtergerechtigkeit zur Verhandlungsmasse in einem Kulturkampf zwischen Linksliberalen und Rechtskonservativen verzwergt.

Die Rechte macht den Kampf gegen diese emanzipativen Teilerfolge aber auch zur ideologischen Leitlinie ihres Angriffs auf das politische Establishment eines Systems, das der Bevölkerung keine Sicherheit mehr bieten kann. In der rechten Hetze gegen »Trans-Ideologie« und »Genderwahn« werden Fragen von Geschlecht und Sexualität immer wieder mit einer völkischen Globalisierungskritik verbunden. Die Anklage von Krisenerscheinungen der neoliberalen Globalisierung vermischt sich mit einem offen rechten Wertekanon zu einer neuen reaktionären Melange. Wenn etwa Björn Höcke gegen Transrechte und Schwangerschaftsabbrüche agitiert und von einem »Kampf gegen Mann und Frau« und einem »Angriff auf unsere Kinder« spricht, dann geht dieser Angriff seiner Meinung nach von einem »multinationalen Regenbogenimperium« aus, das nicht weniger als die »Zerstörung der Nation« bezwecke. Nur im Osten – in Russland, Ungarn und Serbien etwa – habe man sich der »globalen Einheitszivilisation« noch nicht unterworfen. Ein rechtsextremer Nationalismus wird hier einem globalisierten Liberalismus entgegengestellt. Diese Rhetorik verdreht LGBTQI-Rechte zum Gipfel einer extrem individualisierenden Kultur und frivolen Dekadenz spätkapitalistischer Gesellschaften, die die traditionellen Gemeinschaftsbande »zersetzen«. Angeführt werde das alles – wie zu erwarten – von den USA, die sämtliche »Altparteien« in ihrem Gefolge hätten.

Die anti-elitäre Rhetorik der Rechten richtet sich gegen eine »woke«, also kulturelle und nicht ökonomische Elite, weil ihnen das erlaubt, reale Problemlagen aufzugreifen und sie identitär umzudeuten. Die Globalisierung ging tatsächlich von den USA aus, sie hat auch tatsächlich dazu geführt, dass nationale Regierungen weniger souverän agieren können, und die großen Volksparteien haben sich ideologisch auch tatsächlich angeglichen und sind diesem Kurs gefolgt. Die verschärfte Standortkonkurrenz durch die Globalisierung hat viele Beschäftigte auch tatsächlich gesellschaftlicher Entsicherung ausgesetzt und sie demoralisiert. Nur

haben weder LGBTQI-Rechte noch »Trans-Ideologie« irgendetwas damit zu tun. Doch genau darauf wird die Wut über Arbeitslosigkeit, Lohnverfall, Zeitarbeit und auch die gesunkene Anerkennung vieler Tätigkeiten umgelenkt. Die Verantwortung dafür, dass der gesellschaftliche Zusammenhalt an den Spätfolgen des globalisierten Neoliberalismus zerbröckelt, wird so auf den kulturellen Fremdeinfluss eines globalen »queeren Imperiums« projiziert. Das hat für die Rechten außerdem den Vorteil, dass sie lediglich ein Gefühl kultureller Entfremdung bestärken und kein Gegenprogramm anbieten müssen, das mehr soziale und ökonomische Absicherung gewährleisten würde.

Rückwärts nach vorn

Man könnte nun anmerken, die aufgeheizten Kulturkämpfe hätten zumindest die Politik zurück ins kollektive Bewusstsein gerückt. Das Problem dabei ist nur: Wenn politische Fragen immer weiter kulturalisiert werden, vollzieht sich eine Polarisierung entlang kultureller Differenzen, anstatt entlang der Klassengegensätze. Von links kann man hier wenig gewinnen – von rechts aber umso mehr.

Die Dominanz von Kulturkämpfen lässt sich ohne die politische Entkernung, die sich in den 1990ern und 2000er Jahren vollzog, kaum verstehen. Mit der neoliberalen Deregulierung versuchte man bekanntermaßen der Stagnation, Inflation und steigenden Arbeitslosigkeit im Kapitalismus entgegenzuwirken. Diese Offensive sollte alles offener, responsiver und natürlich weniger bürokratisch machen. Die Umsetzung des Neoliberalismus wurde in einen ideologischen Rahmen gebettet, der vorgab, den Markt gewissermaßen einem sozialen Zweck zuzuführen. Es sollte gesellschaftlich nach vorn gehen. Mit dieser neoliberalen Agenda trat der Kapitalismus in eine Phase »regressiver Modernisierung«, wie es der Soziologe Oliver Nachtwey auf den Begriff gebracht hat. An der Agenda 2010 zeigt sich das besonders drastisch, da sie den Arbeitsmarkt tatsächlich öffnete und mehr Frauen und mehr Migranten integrierte, gleichzeitig aber die Tarifbindung senkte, die Tarifflucht verstärkte und die Niedriglohnquote explodieren ließ. Der

Als die AfD 2017 in den Bundestag einzog, wurde einerseits in flammenden Reden immer wieder betont, dass nun zum ersten Mal seit 1945 wieder Faschisten im Parlament saßen, die man dann andererseits auf Großdemonstrationen wahlweise »wegbassen« oder »wegglitzern« wollte.

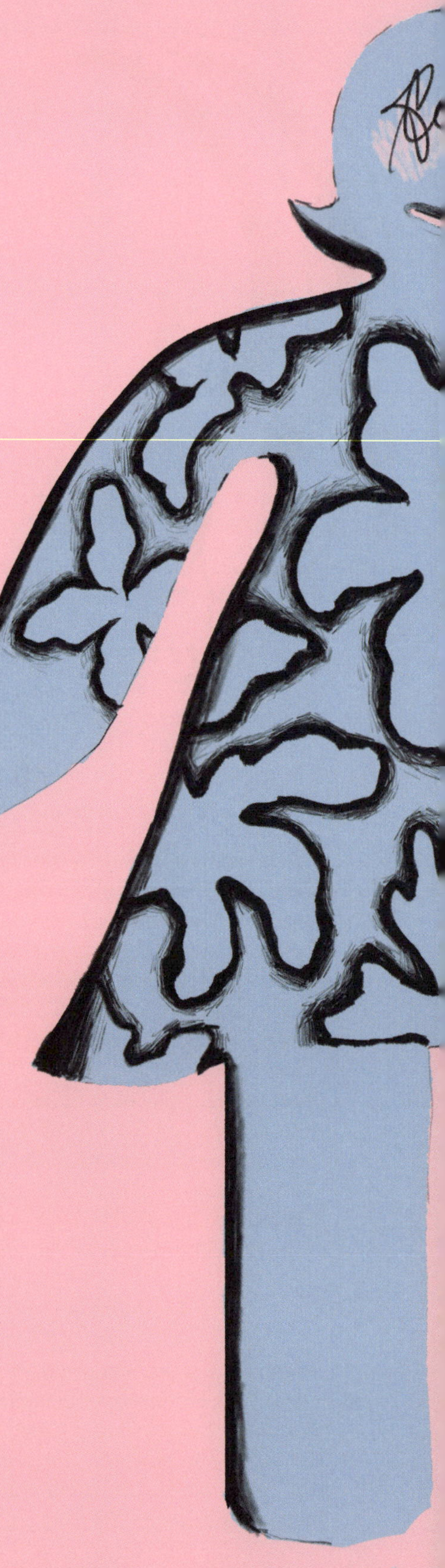

Neoliberalismus lässt sich daher als eine Ära beschreiben, in der die Opposition der arbeitenden Klasse so weit entwaffnet wurde, dass sie ihren disziplinierenden und demokratisierenden Effekt auf die Wirtschaft zunehmend verlor.

Der vielleicht größte ideologische Erfolg des Neoliberalismus bestand darin, die Vorstellung zu etablieren, dass es in wettbewerbsorientierten Gesellschaften keine Klassen mehr gäbe. Das einzige, was dem Aufstieg durch Leistung im Weg stehe, seien sexistische, rassistische oder homophobe Vorurteile. Diese sollten im Sinne der Chancengleichheit abgebaut werden, damit auch einstmals Ausgeschlossene vereinzelt mit am Tisch sitzen dürften – mehr Stühle wollte man allerdings nicht bereitstellen. Während die Gesellschaft einerseits horizontal inklusiver wurde und einzelne Gruppen durchaus emanzipative Fortschritte errangen, wurde gleichzeitig ein Klassenkonflikt in neuer Härte ausgetragen, für den man nun keine Worte mehr fand.

Die Erzählung, nach der sich unsere Gesellschaft nicht entlang der Klassengrenzen, sondern entlang diffuser Linien von Identität, Lebensstil, Kultur und Wertvorstellungen fragmentiert, begann den politischen Diskurs zu dominieren. Diese Vorstellung der Gesellschaft war auch anschlussfähig für eine Spielart linker Kritik, die inzwischen mit dem Reizwort der Identitätspolitik besetzt ist. Diejenigen, die heute zur Ehrenrettung dieser Strömung antreten, beschreiben die Integration der Identitätspolitik in den Neoliberalismus als eine Art feindliche ideologische Landnahme. Der Spätkapitalismus sei so expansiv geworden, dass er irgendwann alles vereinnahmt habe, selbst seine eigene Opposition.

Naheliegender ist jedoch, dass eine Politik, die lieber über Identität als über Klasse spricht, in einem System, in dem Macht auf Kapital gründet, schlichtweg nicht oppositionsfähig war. Die neoliberale Besetzung erfolgte so reibungslos,

weil die Identitätspolitik die subjektive, individuelle Erfahrung favorisierte, was mit der sozialen Atomisierung dieser Zeit leicht in Einklang zu bringen war. Mag man die Identitätspolitik auch falsch finden, ihre Anziehungskraft ist dennoch nachvollziehbar: Wenn sich der politische Raum für eine gesamtgesellschaftliche Emanzipation immer weiter verengt und man die Hoffnung darauf gar nicht erst in Erwägung zieht, will man sich zumindest noch selbst befreien.

Das Problem mit der Identitätspolitik ist also, dass sie vorgab, die Linke zu erneuern, tatsächlich aber vielmehr den Neoliberalismus erneuerte. Als in einer Zeit der Wachstumskrisen die alten Verteilungskämpfe zurückkehrten, die Zweifel an dem pseudo-progressiven Aufstiegsversprechen hätten wecken können, konnte der Neoliberalismus seine Legitimität verteidigen. Denn er hatte mit der Identitätspolitik eine progressiv auftretende Komplizin an seiner Seite, die dafür einstand, klassenbasierte Antworten auf die grassierende Ungleichheit kapitalistischer Gesellschaften als überkommen, verstaubt und zu »orthodox« abzukanzeln. Stattdessen wurde punktuell ein bisschen kulturelle Liberalisierung zugesichert.

Das Schlagwort der Politisierung des Privaten verwies ursprünglich auf die Eigenart des Kapitalismus, gesellschaftliche Probleme, die er selbst produziert, auf das Individuum zu verlagern. Es ging darum, zu verdeutlichen, dass es eben nicht dem persönlichen Versagen geschuldet ist, wenn man zu denjenigen gehört, die eher schwerere Arbeit zu schlechteren Löhnen verrichten, oder zu denjenigen, die eher von der Staatsgewalt gegängelt werden, oder zu denjenigen, denen der Chef eher mal die Hand aufs Knie legt. Die Identitätspolitik in ihrer heutigen, selbstbezogenen Form hat hingegen zu einer Personalisierung des Politischen geführt: Wie man spricht, was man isst oder wie man sich kleidet, rückte vor ins Arsenal des politischen Ausdrucks.

In der Folge wurde die Bevölkerung entlang ihrer kulturellen Präferenzen gruppiert anstatt auf Basis ihrer gemeinsamen materiellen Interessen, die diese individuellen Unterschiede hätten überbrücken können. Der Frust über das, »was in der Welt passiert«, fand zunehmend Ausdruck in performativen Gesten, die Unterschiede in Fragen des Geschmacks und des Lebensstils zum Gegenstand der Politik machten. Eine Spätfolge davon ist eine seltsame Gleichzeitigkeit von Alarmismus und Verspieltheit. Als etwa die AfD 2017 in den Bundestag einzog, wurde einerseits in flammenden Reden immer wieder betont, dass nun zum ersten Mal seit 1945 wieder Faschisten im Parlament saßen, die man dann andererseits auf Großdemonstrationen wahlweise »wegbassen« oder »wegglitzern« wollte. Als 2016 mit Donald Trump ein offensiv misogyner rechter Immobilienmogul als Präsident ins Weiße Haus einzog, traf dies auf eine empörte feministische »Resistance«, deren Protestsymbol pinke Mützen mit Katzenöhrchen wurden.

Alles wird Kulturkampf

Dass in der politischen Debatte der Kulturkampf den Klassenkampf verdrängte, hat in zweifacher Hinsicht zu großer Resignation geführt. Zum einen wurde Politik nicht mehr als das Mittel zur Transformation der Gesellschaft wahrgenommen. Man erwartete immer weniger von der Politik und zog sich daher in immer kleinere Gefechte zurück, weil zumindest diese noch gewinnbar erschienen. Da im Zuge dessen materielle Fragen im politischen Raum immer weniger artikuliert wurden, ließ das zum anderen insbesondere jene Menschen resignieren, für die diese Fragen prioritär sind – nämlich die unteren Klassen.

Man vernachlässigte also die Fragen, die für die Verbesserung der Lebensumstände der meisten Menschen ausschlaggebend sind und drängte sie damit aktiv in die politische Passivität. Als diese Menschen dann nicht mehr wählen gingen, erklärte man ihnen anschließend, sie seien desinteressiert und verdrossen – als sei ihre Abkehr von einer Politik, die ihnen nichts zu bieten hatte und die über sie hinwegregierte, anstatt sie zu repräsentieren, eine Art moralischer Makel oder ein Anzeichen kultureller Verwahrlosung.

Dieser moralisierende Ton zog sich fort, als mit der AfD eine politische Akteurin in Erscheinung trat, die aus dieser Repräsentationslücke Profit schlug. Anstatt die Rechten politisch zu bekämpfen, widmete man sich einer Art Stilkritik ihres Wähler-Milieus und ihrer Rhetorik. So wurde etwa gebetsmühlenartig betont, wie unterkomplex, wutgeladen und verroht ihre Ansprache sei. Dass die Verrohung unserer Verhältnisse die Grundlage dafür bildet, dass eine Partei ohne Programmatik überhaupt so rasant aufsteigen konnte – gerade im Osten und in den ehemaligen Industrieregionen –, darüber wurde hinweggeredet. Strukturelle Probleme, wie das Gefälle zwischen Ost und West

Es hat nicht zu viel kulturellen Fortschritt gegeben, sondern zu wenig sozialen.

oder zwischen Stadt und Land, wurden erneut zu einem hauptsächlich kulturellen Problem kleingeredet – die reaktionäre Revolte sei vor allem Ausdruck dessen, dass sich die Menschen in der Provinz von der Lebensweise in den Metropolen herabgewürdigt fühlten. Das Problem war allerdings nicht, dass es zu viel kulturellen Fortschritt gegeben hatte, sondern zu wenig sozialen.

Was wir gerade erleben, sind die Spätfolgen einer Neutralisierung politisch-ökonomischer Fragen, über die sich ein tosendes Diskursrauschen legt. Es sind Ängste vorm Abstieg, die den Rechten ihren Appeal geben. Sie werden nicht von den Abgehängten gewählt – die gehen schon lange gar nicht mehr wählen –, sondern von denen, die mit der nächsten Wirtschaftskrise abgehängt werden könnten. Das politische Impasse der letzten Jahrzehnte hat zu viele Verliererinnen und Verlierer produziert, weshalb sich unausweichlich eine Politisierung der Bevölkerung vollzieht – nur ist diese Politisierung bizarr und kulturell übersättigt. Die Rechten fokussieren sich auf die bescheidenen linksliberalen Erfolge kultureller Integration, um darüber hinweg zu täuschen, dass sie selbst von dem politischen Vakuum immens profitiert haben. Das politische Zentrum ist indessen nicht dazu imstande, die Verschiebung nach Rechts wirksam aufzuhalten.

Die Entpolitisierung der letzten Jahrzehnte hat dazu geführt, dass mittlerweile fast alles zu »Kulturkämpfen« banalisiert werden kann. Daher reicht es jetzt auch nicht, einfach zu behaupten, dass wir uns wieder einer Brot-und-Butter-Klassenpolitik zuwenden müssen. Denn das Erstarken der politischen Rechten, das euphemistisch als »Polarisierung« bezeichnet wird, hat bewirkt, dass sie gerade bestimmt, was in den Diskursraum des Kulturkampfs fällt und was nicht. Wenn Kulturkonservative kurz vorm Nervenzusammenbruch stehen, weil die Meerjungfrau Arielle im neuen Multimillionen-Dollar-Blockbuster von einer Schwarzen gespielt wird, dann muss uns das nicht weiter kümmern. Wenn aber im selben Atemzug sämtliche Fragen des Rassismus oder Sexismus als kulturelle Nebensächlichkeiten abgetan werden, dann schon. Die Kulturalisierung des Politischen ist schließlich das Handwerkszeug der Rechten: Rassismus wird zu »Heimatliebe«, Sexismus zu »Familientreue« verklärt. Wir können uns diese Themen nicht nehmen lassen, nur weil sie von Rechts zu kulturellen Frivolitäten degradiert wurden.

Die Fragen danach, wer in unserer Gesellschaft besonders häufig von Armut betroffen ist, wer besonders häufig Gewalt ausgesetzt ist – ob in der eigenen Wohnung oder auf den Straßen durch die Polizei – sind nicht das Produkt kultureller Unterschiede. Und sie sind schon gar nicht partikularistische Nischenanliegen, die neben der »breiten Gesellschaft« existieren. Sie sind Teil davon.

Der harte Kern

Der Kampf gegen Sexismus oder Rassismus ist nicht von materiellen Fragen abzusondern. Es ist vielmehr so, dass wir diese Kämpfe nur gewinnen können, wenn wir uns ihren materiellen Härten zuwenden. Der Niedriglohnsektor ist in Deutschland – einer der reichsten Volkswirtschaften der Welt – heute größer als in Rumänien. Es gibt kaum einen Bereich unserer Wirtschaft, der so weiblich und so migrantisch besetzt ist wie dieser. Der rückschrittliche Fortschritt der Agenda-Jahre, deren Spätfolge die hohe Niedriglohnquote ist, ließe sich am effektivsten progressiv aufbrechen, indem man diesen Sektor trockenlegt.

Wenn wir als Linke wieder stärker werden und wir uns nicht länger von den Rechten diktieren lassen wollen, was zum Kulturkampf trivialisiert wird und was nicht, dann müssen wir dieser politischen Banalisierung mit materiellen Forderungen begegnen, die verdeutlichen, warum diese Anliegen universalistisch und nicht partikular sind. Dazu reicht es nicht, nur zu deklarieren, dass uns die Missstände unserer Gesellschaft emotional betroffen machen oder wir selbst von ihnen betroffen sind. Wenn wir wollen, dass diese Realität irgendwann Vergangenheit ist, dann müssen wir uns fragen, welche Kämpfe uns den Weg in eine andere Zukunft ebnen und welche ihn versperren.

Astrid Zimmermann ist Managing Editor bei JACOBIN.

HUMMER & SICHEL
VON KING + SCHWAB
DU HAST MIR NICHT GESAGT, DASS WIR AUF EINE DÄMLICHE KOSTÜMPARTY GEHEN!
NUR MIT VERKLEIDUNG!
Claras Kostümparty
OH NEIN, TOTAL VERGESSEN!
KEIN PROBLEM, HUMMER!
WIR BRAUCHEN KEIN KOSTÜM
WIE MEINST DU DAS DENN?
WARTS AB
BZZZZ
HUMMER! ICH HAB DIR DOCH GESAGT, DASS IHR NUR VERKLEIDET REINKOMMT!
ABER WIR TRAGEN DEN UNSICHTBAREN ABER DEUTLICH HÖRBAREN MANTEL DER „BÜRGERLICHEN MITTE"
ALS WEISE VERFECHTER DER NEUTRALITÄT BALANCIEREN WIR SUPPORT FÜR DIE RECHTEN MIT KRITIK AN DEN LINKEN
ES GEHT UM DIE GÜLDENE MITTE – DESHALB UNTERSTÜTZE ICH, WIE KÖNIG SALOMON, HALB-ABTREIBUNGEN
Schnipp
Schnapp
ALLE REDEN VON „RECHTER POLIZEIGEWALT, ABER WER ERWÄHNT MAL LINKEN KLIMA-TERROR?

MASKEN FÖRDERN KRIMINALITÄT, DESHALB SOLLTEN KOSTÜMPARTYS VERBOTEN WERDEN
NEW LABOUR
HMMPF... OKAY, ICH LASS EUCH REIN
ABER GEBT EUCH DAS NÄCHSTE MAL MEHR MÜHE
WIR SIND GENIES
BIN ICH BLIND ODER TRÄGT HIER NIEMAND EIN KOSTÜM?
UND WER BIST DU?
OH, MAN SIEHT ES MIR VIELLEICHT NICHT AN, ABER ICH BIN VERKLEIDET ALS ZENTRIST
ORIGINELL
ICH TRAGE ÜBRIGENS DEN UNSICHTBAREN MANTEL DER „BÜRGERLICHEN MITTE"
ENDE

Horoskop

von **Luna Wolters** und **Mitras Ammerbuch**

Jungfrau

Die Struktur des Universums ähnelt den Klumpen und Fäden von Pilznetzwerken – oder von Neuronen im menschlichen Gehirn. Ein Kartendeck hat 52 Karten, wie die 52 Wochen des Jahres, vier Farben, wie die vier Jahreszeiten, und die Werte aller Karten zusammengezählt ergeben 364 – plus den Joker. Diese Tage sind bestens geeignet, einer gewichtigen Tatsache auf die Spur zu kommen, Jungfrau: Das kleine Spiel und das große Spiel sind eins.

Wassermann

»Moonquake« heißt in der Sprache der Astrogeologie ein Erdbeben auf dem Mond. Aber seien wir ehrlich, eigentlich klingt es viel eher wie ein Dancemove aus der zweiten Hälfte des 21. Jahrhunderts. Die gute Neuigkeit: Ein Spalt in der Raumzeit erlaubt Dir diesen Monat, ihn schon vor seiner Zeit zu erfinden. Show us.

Krebs

Die Schriftstellerin Flannery O'Connor notierte in ihrem Tagebuch, wie völlig überfordert sie war, als sie bei einem Abendessen mit ihrem großen Idol, der Autorin Mary McCarthy, zusammentraf: »Ich hab mich gefühlt wie ein Hund, der nur einen einzigen Trick kann – und den vergessen hat.« Wir sind alle Blender, kleiner Krebs. Es ist okay.

Stier

Hô Chí Minh, der natürlich Stier war, arbeitete Anfang des letzten Jahrhunderts in einem Londoner Haute Cuisine Restaurant unter dem Meisterkoch Auguste Escoffier. Die Anstellung war Teil eines dreißig Jahre währenden Drifts durch die USA, Europa und Asien. Immer wieder wechselte Hô seinen Namen, bevor er nach Vietnam zurückkehrte und half, die Franzosen und dann die Amerikaner zu vertreiben. Auch Dich haben immer wieder äußerst verschlungene Pfade zum Ziel geführt. Einer dieser Pfade beginnt in den kommenden Wochen. Halt die Augen auf.

Fische

Die Hälfte aller Orang Utans erleidet in ihrem Leben Knochenbrüche, weil die Affen relativ oft aus Bäumen fallen. Das hält sie aber nicht davon ab, immer wieder hoch zu klettern. Wir können für etwas gemacht sein und trotzdem ständig auf die Fresse fallen, vergiss das nicht.

Löwe

Kendrick Lamar spricht in seinem Song »These Walls« von »resentment that turned into a deep depression«. Es gibt bei Gott genügend Anlässe, wütend zu sein, lieber Stier. Doch wenn Du zulässt, dass sich die Wut zum Groll aufstaut, führt sie nirgends hin als in die Traurigkeit. Hier sind zwei Weisen, dies zu vermeiden: Bleib im Moment des Ärgers weich. Und verwandle die Wut so schnell wie möglich in Aktion. Wüte geschmeidig.

ZWILLINGE

Walter Benjamin erzählt von Kindern, denen jeder beliebige Gegenstand, jeder Stein und jede Blume bereits der Anfang einer Sammlung, einer Geschichte ist. In Zeiten, in denen alles was keine Joy sparkt, weggeschmissen werden soll, ist es wichtig sich zu erinnern, dass »Aufräumen« bedeutet, »einen Bau zu vernichten voll stacheliger Kastanien, die Morgensterne, Bauklötze, die Särge, Kakteen, die Totembäume und Kupferpfennige, die Schilde sind«. Statt auszumisten, bau diesen Monat eine Ausstellung kleiner Gegenstände. Erzähl ihre Geschichten.

WIDDER

Rosa Luxemburg schrieb im Gefängnis, dass sie ihr Herz, das vor Schmerz zusammenkrampfte, weil sie fort wollte, mit einem Klaps zum Kuschen zwang. »Es ist schon gewöhnt zu parieren, wie ein gut dressierter Hund.« Wir haben alle unsere Überlebensstrategien, Widder, doch gerade in diesen Tagen sollte Dein Herz nicht parieren müssen. Lass es lieber schmerzen. Das ist immer noch besser als Dressur.

STEINBOCK

Im Berliner Bierboykott von 1894 taten sich Brauereimitarbeiter und Biertrinker zusammen. Tausende von Arbeitern verzichteten acht Monate lang auf das Bier der sieben größten Brauereien, um den 1. Mai als Feiertag für die Beschäftigten zu erzwingen. Inmitten alberner Spartipps aus der Regierung ist diese Episode eine Erinnerung an das radikale Potenzial des gemeinsamen Verzichts.

WAAGE

Die Lebenszeit der Pharaonin Kleopatra liegt näher am Gründungsdatum von Google als am Bau der großen Pyramiden. Und wir sind dem Tyrannosaurus zeitlich näher als es der Stegosaurus war. Wie nah oder fern uns etwas ist, ist keine Frage der Zeit. Mach Dich frei vom Mühlrad. Wähle Dir Langverblichene als Zeitgenossen.

SCHÜTZE

I bims, der Winter. Brandenburg-Dichter Theodor Fontane beschreibt, wie still alles in dieser Jahreszeit wird: »Vergeblich lauschet / Man der Krähe heisrem Schrei. / Keiner Fichte Wipfel rauschet / Und kein Bächlein summt vorbei.« Das mag zunächst fast bedrohlich reizarm klingen. Aber wenn es dann zum Abschluss heißt, »Nichts hör ich klopfen / Als mein Herz durch die Nacht«, zeigt sich die Chance, die in der Ruhe liegt. Weniger day drinking, Schütze, mehr *contemplation*.

SKORPION

Kakerlaken (und andere Insekten) haben kein Gehirn. Entscheidungen werden vom ganzen Körper getroffen. Bei Dir, lieber Skorpion, geht es derzeit undemokratischer zu, Dein Kopf entscheidet, wo es lang geht. Aber muss das so sein? *Mix it up a little.* Hör doch mal, was Deine Zehen heute essen wollen. Oder vielleicht haben Deine Nieren eine Meinung zu einem moralischen Dilemma, das Dich schon länger umtreibt.

Tausend Dank!

Wenn es Euch nicht gäbe, würde es uns nicht geben.

Als wir 2019 den kleinen Brumaire Verlag anmeldeten, hatten wir vor allem ein Ziel vor Augen: Das Magazin JACOBIN, das in den USA für seine scharfen Analysen und einladende Gestaltung bekannt war, sollte auch im deutschen Sprachraum erscheinen.

Ein Experiment unter widrigen Umständen. Ausgestattet mit einem spärlichen Startkapital von 5.100 Euro (Erbmassen oder Kontakte zu spendablen Millionären haben wir nicht) übersetzten und veröffentlichten wir Das *ABC des Kapitalismus* von Vivek Chibber, zunächst in kleinen Auflagen von 500 Stück. Fortan liefen wir täglich mit einer Ikea-Tasche voller händisch adressierter Päckchen zur Poststation im Einkaufscenter Neuköllner Tor und blickten in die mitleidig-amüsierten Gesichter der Lotto- und Tabakwarenhändler der Postfiliale 558. Das taten wir so lange, bis wir Anfang 2020 genügend *ABCs* verkauft hatten, um den Druck der ersten JACOBIN-Ausgabe zu finanzieren.

Als wir damit dann im Mai 2020 voller Freude an die Öffentlichkeit gingen, war alles plötzlich ganz anders. Die Erstausgabe unseres Magazins erschien mitten in der ersten Welle einer globalen Pandemie. Statt auf eine Tour durchs Land oder auch nur eine Launch-Party, begaben wir uns in den Lockdown. Das Leben vieler verlagerte sich fürs Erste ins Private und ins Internet – keine günstigen Voraussetzungen, um Menschen für ein politisch-publizistisches Projekt zu begeistern. Über Jacobin.de und Social Media schafften wir es dennoch, in wenigen Wochen 2.000 Neugierige zu finden, die unser Magazin bestellten.

Dank dieser Leserinnen und der ehrenamtlichen Mitarbeit zahlreicher Weggefährten konnten wir uns an die nächsten Magazinausgaben machen. Zweieinhalb Jahre später gibt es uns immer noch. Mittlerweile drucken wir eine Auflage von 8.000 Exemplaren und haben 6.600 Abonnentinnen und Abonnenten. Das hätten wir uns so nicht erträumen können.

Als in diesem Jahr unsere Produktionskosten durch steigende Preise vor allem für Papier und Versand explodierten, mussten wir in der Not erfinderisch werden. Wir hatten nie geplant, in den Kunsthandel einzusteigen, aber der Verkauf von Risografiedrucken von JACOBIN-Illustrationen in limitierten Auflagen sicherte uns den laufenden Betrieb (sorry an dieser Stelle für die vielen Werbemails). Im November 2023 startete unser Crowdfunding auf startnext.de/jacobin, um unser Jahresziel – die schwarze Null – doch noch zu erreichen. Und wir sind immer noch überwältigt! Über 700 Menschen machten mit, innerhalb weniger Tage kamen mehr als die nötigen 30.000 Euro zusammen.

Wir nehmen den Zuspruch, die warmen Worte und die vielen kleinen und großen Spenden als Bestätigung und Ansporn, JACOBIN weiterzuentwickeln und Euch noch mehr sozialistische Perspektiven auf die Welt und Ideen für einen Weg in eine bessere Zukunft zu liefern. Ohne Euch – unsere Leserinnen und Leser – und Eure Unterstützung könnten wir JACOBIN in dieser Form nicht erhalten. Ihr habt es möglich gemacht, dass wir JACOBIN 2023 weiter wie gewohnt herausgeben können. Dafür möchten wir uns herzlich bedanken.

Eure Redaktion

MERRY CHRISTMARX
JACOBIN
Auf der Suche nach Geschenken
und Lesestoff für die kalte Zeit?
Hol Dir das JACOBIN-
Weihnachtspaket oder
Brumaire-Buchpaket auf:
WWW.JACOBIN.DE

Impressum

JACOBIN bringt Euch scharfe und lesbare Analysen zu Politik, Wirtschaft und Kultur. 2010 in New York geboren, erscheint JACOBIN auf Englisch, Italienisch, Portugiesisch, Spanisch – und seit Mai 2020 auch auf Deutsch.

Jetzt abonnieren unter
jacobin.de/abo

Abo (Druck)

Deutschland	45 €
EU	55 €
International	65 €

Soli-Abo (Druck)

Deutschland	65 €
EU	75 €
International	85 €

Abo (Digital)

Deutschland	20 €
EU	20 €
International	20 €

Soli-Abo (Digital)

Deutschland	40 €
EU	40 €
International	40 €

Einzelheft (#11)

Deutschland	12,50 €
Österreich	14 €
Schweiz	14 CHF

V.i.S.d.P.
Herausgeber: Ole Rauch (V.i.S.d.P.), rauch@jacobin.de
Kontakt zur Redaktion: redaktion@jacobin.de

Auflage
8.000 Exemplare

Bildrechte
S. 17: CC-BY-SA 3.0 librairie mollat (youtube), S. 38: IMAGO / Klaus Rose, S. 41–44: CC-BY-SA 3.0 DE Friedrich Magnussen / Stadtarchiv Kiel, S. 96: ZA/UM

Auflösung des Rätsels (S. 37)
SS Delphine, Man Of Steel, Ego, Jackpot, Lucky Me und Comfortably Numb sind echt.

Druck
Papier: Euroskala, Soporset Premium Offset – FSC
Druckerei: Oktoberdruck GmbH, Grenzgrabenstraße 4, 13053 Berlin

Versand
Heftwerk / OML GmbH & CO. KG, Holzhauser Str. 140i, 13509 Berlin

Anzeigen
Online & Print-Werbung: anzeigen@jacobin.de

Buchhandel
Buchhandelsbestellungen: www.brumaireverlag.de

Verlag
Brumaire Verlag GmbH
Geschäftsführung: Ole Rauch, Lukas Scholle

Brumaire Verlag
Erkelenzdamm 59/61
10999 Berlin
www.brumaireverlag.de